Die

# Wirthschaftsdirection des Landgutes

von

Dr. A. Thaer,
Privatdocent der Landwirthschaft an der Königl. Universität zu Berlin.

Berlin,
Druck und Verlag von Georg Reimer.
1861.

Seinem

hochverehrten Lehrer und Freund

# Herrn Dr. E. Mitscherlich,

Geheimen Medicinal-Rath, Professor der Chemie an der Universität, der Chemie und Physik an der Militär-Academie, Mitglied der Academien der Wissenschaften zu Berlin, Stockholm und München, der Academie der Medicin zu Brüssel, und der Königl. Gesellschaften zu London, Copenhagen und Edinburg, der geologischen Gesellschaft zu London, correspondirendem Mitglied des Instituts, Ritter des Ordens pour le mérite, des rothen Adler-Ordens dritter Classe m. d. S., des Nordstern-Ordens und des St. Wladimir-Ordens vierter Classe

in tiefster Dankbarkeit

der Verfasser.

# Vorwort.

Ueber Wirthschaftsdirection ist bisher wenig geschrieben, denn nur hin und wieder erwähnen Lehrbücher der gesammten Landwirthschaft derselben. Eine abgesonderte Behandlung dieses Stoffes erschien mir deshalb um so mehr an der Zeit, als über dem Detail in der Agricultur, und dem fast ängstlichen Treiben in Literatur und Praxis, möglichst viel vom Grund und Boden zu produciren, oftmals vergessen wird, daß jede Landwirthschaft einem Organismus zu vergleichen ist, dessen einzelne Theile in Wechselwirkung mit einander stehen, und von denen keiner ohne Nachtheil für das Ganze einseitig begünstigt werden darf. Die Direction der Wirthschaft aber ist das Medium, durch welches diese Wechselwirkung vor sich geht, der circulirende Strom, welcher von allen Theilen empfängt und an alle giebt.

Der erste Abschnitt dieser Schrift behandelt die äußeren und demnächst die principiellen Grundlagen der Direction überhaupt, der zweite wendet dieselben auf die einzelnen Zweige des Landgutes an. Letztere werden deshalb mit möglichster Aussonderung aller sonstigen Beziehungen hier nur insoweit betrachtet werden, als sie Objecte der Verwaltung sind, und wird die Bekanntschaft mit der Lehre und Technik derselben vorausgesetzt, oder speciellem anderweitigem Studium überlassen. — Bei der Reihenfolge der Wirthschaftszweige habe ich versucht, dieselben nach den in der Betriebslehre seit Thaer's Vorgang allgemein angenommenen Factoren des Gewerbes zu gruppiren, und glaube ich, daß durch diese Betrachtungsweise auch Demjenigen ein Einblick in die Gutsverwaltung ermöglicht ist, welcher sich nur vom allgemein wissenschaftlichen und socialen Standpunkt aus dafür interessirt.

# Inhalts-Verzeichniß.

## Erster Abschnitt.

### Von der Direction der Wirthschaft im Allgemeinen.



## Zweiter Abschnitt.

### Verhältniß des Dirigenten zu den einzelnen Wirthschaftszweigen.

## Erster Abschnitt.

# Von der Direction der Wirthschaft im Allgemeinen.

### § 1.

#### Wichtigkeit der Lehre von der Direction.

Ein zur Zeit sehr verbreiteter Irrthum in dem Gewerbe des Landbaues besteht darin, daß eine genügende Bekanntschaft mit dem Anbau der einzelnen Früchte, der Thierproduction, und etwa noch einiger national-ökonomischer Grundlehren schon als hinreichend erachtet wird zur Verwaltung eines Landgutes. Wie wenig indeß eine solche technische Ausbildung allein dazu ausreicht, beweisen die vielen Fälle, wo derartig oft tüchtig vorgebildete Landwirthe, sobald sie einen wirklichen Betrieb unternahmen, doch in ihren Leistungen so geringen Erfolg hatten, daß sie sogar zur Aufgabe ihrer Güter, Pachtungen oder Administrationen genöthigt wurden. Es sollen hier selbstredend gründliche Kenntnisse in dem Technischen des Ackerbaues und der Viehzucht nicht etwa gering angeschlagen werden, im Gegentheil, sie sind stets die Basis des Gewerbes im Großen und Ganzen, und ein Fortschritt darin hebt überall den Landbau auf das Namhafteste; aber für das wirthschaftende Individuum selbst bieten sie noch nicht die volle Garantie eines glücklichen und gesicherten Betriebes. Oftmals erleben wir den Fall, daß ein von Jugend auf gelernter Landwirth, selbst mit academischen Studien, in der Handhabung des Gewerbes nicht reüssirt, während Fabrikbesitzer, oder Männer, welche dem Staats- auch Militärdienst obgelegen, bald als tüchtige Wirthe sich die allgemeinste Anerkennung ihrer Fachgenossen erwarben, obwohl sie mit geringer technischer Vorbildung eine Wirthschaft übernahmen, vielleicht Familienverhältnisse wegen, ganz unvorbereitet übernehmen mußten. Und, was noch mehr sagen will, vielfach sind Wirthe bei guter technischer Ausbildung zu Grunde gegangen, und es ist ihnen selbst ihr Leben lang ein Räthsel geblieben, weshalb ihre viele Mühe und Arbeit nicht mit glücklichem Erfolge gekrönt wurde.

Obgleich nun der Gründe des Mißlingens landwirthschaftlicher Unternehmungen und Operationen mannigfache gefunden werden, worunter bei vorausgesetzten Kenntnissen namentlich der Mangel am nöthigen Betriebscapital gehört, so lassen sich doch die meisten derselben durch Fehler in der practischen Handhabung der Gutsverwaltung, welche wir mit dem feststehenden Namen der Wirthschaftsdirection bezeichnen, erklären. Wenn nun bei der Lehre eines Gewerbes, als welches wir, unbeschadet seiner höheren sittlichen Aufgabe, den Landbau stets ansehen müssen, die wissenschaftliche Behandlung eben darin besteht, daß aus den Beobachtungen und Erfahrungen der Vergangenheit die Principien gefunden werden müssen, auf welche mit Erfolg auch zukünftige practische Resultate gebaut werden können: so tritt doch gerade bei der Lehre vom Landbau die Schwierigkeit, wenn nicht Unmöglichkeit, sehr scharf hervor, daß die lebendige That und Ausführung nicht als Princip gelehrt werden kann, sondern wesentlich Sache der persönlichen Durchbildung des Individuums bleiben muß. Freilich zeigen die besonderen Zweige des Gewerbes auch hierin eine Verschiedenheit. Die Lehre vom Pflanzenbau, von dem Ackerboden und seiner Zusammensetzung, die Viehzucht, andererseits die national-öconomischen Zweige vom Capital und der Arbeit, die Regeln der Buchführung können bei einigermaßen vorhandener practischer Vorbildung leicht und faßlich gelehrt und gelernt werden. Als ein in dieser Beziehung schwierigeres, aber wichtiges und bisher wenig angebautes Feld tritt uns hier die Lehre von der Wirthschaftsdirection entgegen, zu deren Förderung die folgenden Blätter einen kleinen Beitrag liefern sollen. Die Data sind aus der alltäglichen Praxis entlehnt. Als Typus der

Wirthschaft habe ich unser norddeutsches Rittergut gewählt. Es schien mir dasselbe zu diesem Zwecke deshalb am geeignetsten, weil große Herrschaften sich ja ebenfalls in einzelnen Wirthschaften gruppiren müssen, und daher in ihren Theilen der gewählten Grundform anschließen, größere Bauerhöfe aber in ihrem Zuschnitt für den Betrieb der Landwirthschaft dem Rittergute sehr nahe stehen. Kleinere Bauerhöfe, so unentbehrlich sie für ein Land und seine Machtstellung nach innen und außen sind, würden für wissenschaftliche Bearbeitung nicht die nöthigen Data geben, auch bewegt sich ihre Leitung zu sehr in dem gleichzeitigen Regiment der Familie, dessen Betrachtung nicht hier her gehört.

Wird durch diese Blätter ein Wirthschaftsdirigent gebildet werden? — Schwerlich! — Genug, wenn sie bei dem practischen Landwirth als Gruß eines Gefährten aus den Freuden und Mühen der Praxis ein freundliches Willkommen finden, genug, wenn sie hier und da einem jugendlichen strebsamen Gemüthe einen Fingerzeig nach Vorwärts geben möchten!

## § 2.

### Begriff der Wirthschaftsdirection.

Wir fragen nunmehr: worin besteht die Wirthschaftsdirection? Dirigiren heißt nach der Erklärung, welche Thaer im § 201 des ersten Bandes der rationellen Landwirthschaft giebt: jedes Maß und jede Art von Kräften in die ihnen möglichste, zweckmäßigste und nachhaltigste Thätigkeit bringen, und wir schließen uns dieser Erklärung völlig an, mit dem Versuche, sie nach all' ihren Einzelnheiten etwas näher auszubeuten.

Mancherlei Kräfte müssen zusammenwirken zu dem großen Ziele der höchst möglichen Cultur des Erdbodens und Gewinnung seiner Producte: Kräfte der Natur, Kräfte der Arbeit und des Capitals, Kräfte des Denkens; und von ihrer zweckmäßigen Benutzung muß der landwirthschaftliche Betrieb bis in's kleinste Detail Zeugniß ablegen. Ueber die Natur läßt sich vom Menschen nicht gebieten, er kann weder neue Kräfte schaffen, noch die vorhandenen ändern, er kann sie nur seinen Zwecken dienstbar machen und sie zu seinem Nutzen regeln. Dies hat zwar der Landbau mit Gewerben und Handel gemein, aber doch hat ersterer einen größeren Antheil an den Naturkräften und bedarf ihrer am unmittelbarsten und nothwendigsten. Die Natur bietet dem Landmann den Grund und Boden, ihm zur Production zu dienen durch seine inwohnenden physikalischen und chemischen Eigenschaften, seine Zusammensetzung und Fruchtbarkeit. Die Natur bietet die Pflanzen- und Thierspecies, welche zur Ernährung des Menschengeschlechts geeignet sind, und durch ihre Zersetzung wiederum im großen Kreislauf als Dünger dienen. Die Natur endlich giebt die Vegetationskraft mit all' ihren Bedingungen: des Regens, des Windes, des Lichtes, der Wärme, der Electricität und all' den sonstigen Agentien, welche zusammen wirken müssen bis zur vollen Entwickelung der Pflanzen. Die Natur aber stellt sich auch hartnäckig der Gewalt des Menschen entgegen, zwingt ihn, sich im Kampf mit ihr zu stählen, und bildet ihn durch diesen Kampf mit den Elementen zur Gesittung eines civilisirten Volkslebens heran. Die Natur zerstört auch durch ihre eigenen Kräfte, Insecten, Miasmen, Pilze und daraus hervorgehende Fäulnißprocesse die mit ihrer Hülfe mühsam erarbeitete Cultur. Nach beiden Seiten hin, nach der bauenden und der zerstörenden, die Kräfte der Natur sich dienstbar zu machen, oder ihnen zu wehren, gehört also in das Bereich des practischen Landwirthes, und hierin schon liegt, daß eine technische Durchbildung nach der Seite des Wissens und des Könnens die erste zu erfüllende Bedingung zum richtigen Gewerbsbetriebe ist.

Anders steht der Landmann den Kräften der Arbeit und des Capitals gegenüber. Arbeit und Capital bieten das Feld für die eigentliche Wirthschaftsdirection, und nur innerhalb des Bereiches dieser Kräfte werden wir uns bei dem ferneren Verlauf der Erörterung bewegen.

Die Kräfte der Arbeit bilden in der Landwirthschaft mehr eine gesonderte Gruppe als in den anderen Quellen des Volkseinkommens, der Fabrication und dem Handel. In letzteren beiden können sie durch Capital in den meisten Fällen beschafft werden, und hängen auch nicht so unzertrennlich mit dem Locale des Betriebes zusammen, wie dies in der Landwirthschaft der Fall ist. Die Tagelöhner gehören zum Gute, ja oft gehört den Tagelöhnern allein das Gut, insofern hohe Verschuldung des Besitzers oder schlechte Bewirthschaftung jede Ertragsablieferung unmöglich machen, und also nur der Tagelöhner auf dem Gute auskömmlich lebt; dasselbe tritt bei häufigem Wechsel der Gutsherrschaft durch Verkäufe oder dgl. ein, wo schließlich der Arbeiter das allein conservative Element der Scholle bleibt. Ein Gut ohne sichere und angesessene Arbeiter hat in den meisten Fällen keinen Werth; ja, man zählt in uncultivirten Ländern den Besitz nach Seelenzahl in richtiger Würdigung, freilich oft nicht Belohnung, der Menschenkraft! Ein ähnliches Verhältniß der localen Zusammengehörigkeit findet bei der Arbeitskraft des Gespannviehes statt. Erlauben doch selbst die Gesetze nicht, das Gespannvieh des Gutes unter ein gewisses Minimum herabzudrücken, ohne daß dem Realgläubiger Einspruch gestattet ist; und wie nur in ganz außergewöhnlichen Fällen eine Landwirthschaft ohne Viehhaltung rentabel ist, so wird auch dasjenige Volk immer zu beklagen sein, und in seinem Nahrungsstande kümmerlich dastehen, welches sich durch Handarbeit allein vom Grund und Boden nährt, und sich nicht in ausgedehntem Maße des Gespannviehes zum Landbau bedient. — Der Ersatz beider Arten von Arbeitskräften, der menschlichen und der des Gespannviehes, durch Benutzung der Dampfkraft gehört selbstredend ebenfalls in das Gebiet der Wirthschaftsdirection, und ist daher eine Kenntniß dieser Ersatzkräfte, der Theorie nach, so wie die Fähigkeit practischer Handhabung derselben, ein unumgängliches Erforderniß des Leiters einer Verwaltung.

Das Capital, diese dämonische Gewalt — schöpferischer wirkend als das mächtigste Herrscherwort, und verderblicher als die entfesselten Elemente — deren Macht den Ursprung aus dem einfachen Rechenexempel in der Arbeitsstube findet und sich über den ganzen Erdkreis durch das Mittel des Geldes und Geldwerthes erstreckt: auch diese Kraft muß dem Landwirth dienen;

er kann ihrer heut zu Tage nicht entbehren, er muß ihr Weben und Treiben studiren und zu handhaben wissen. So contrastirend der geräuschvolle Verkehr auf dem Geldmarkt ist mit dem stillen friedlichen Leben in der Natur, dem Wechsel von Wachsthum und Erndte, Sommer und Winter, so nothwendig gehört doch zur Direction einer Wirthschaft ein gewisses Behagen an Beidem. Es darf der Geldverkehr heut dem Landmann nicht widerlich sein, wenigstens nicht demjenigen, der ein fremdes Gut zu verwalten hat, wo er für den Reinertrag des Ganzen als ein guter und gerechter Haushalter seines Herrn stehen muß. Und wenn es auch eine traurige Verkennung des landwirthschaftlichen Berufes ist, daß der eigentliche Gewinn vom Gute an der Börse gemacht werden solle, so muß doch eine umsichtige Benutzung der Conjuncturen nie zu denjenigen Dingen gehören, welche ein Landwirth verschmäht; er müßte dann lieber seinen Beruf aufgeben.

Haben wir in diesen wenigen Andeutungen die obige Erklärung des Begriffs der Direction näher zu beleuchten versucht, so gehört als Schlußstein noch hinzu, daß zur Beurtheilung und Benutzung all' dieser Kräfte eine tüchtige Vorbildung vorausgesetzt werden muß. Welcher Art dieselbe gewesen sei, ist im Moment der That ziemlich gleichgültig, nur so viel muß sie erreicht haben, daß das leitende Individuum die Fähigkeit besitze, durch schnellen Ueberblick, scharfes Wahrnehmen des Zeitpunktes, richtigen Tact und umsichtige Berechnung in jedem Falle practisch das Zweckmäßige zu treffen, die Kräfte zwar sämmtlich anzuspannen wisse, aber auch nicht das gegebene Maß der Kraftverwendung überschreite, bei viel Energie und Leistung doch die Wirthschaft nie in Hast gerathen lasse, sondern ihr einen ruhigen sichern Gang Jahr aus Jahr ein zu erhalten verstehe.

## § 3.

### Der Wirthschaftsdirigent.

Die Direction der Wirthschaft, bestehe letztere nun aus einem einzelnen Gute, oder aus einem in einander greifenden Complex vieler Güter, verlangt eine ihr ausschließlich gewidmete

Persönlichkeit: den Dirigenten der Wirthschaft. Den Dirigenten nenne ich somit diejenige Person, welche die volle Verantwortung für den Reinertrag des Ganzen hat, gleichviel ob er selbst der Besitzer ist, oder Pächter, oder nur Verwalter fremden Eigenthumes. Es gehört zu diesem Amte die volle und ungetheilte Hingabe eines Individuums. Mag dieses Individuum vielleicht ebenso befähigt sein, eine ganze Provinz, ja einen ganzen Staat zu verwalten: eine Gutswirthschaft wirklich dirigiren läßt sich nicht, ohne daß die Sorge für dies Gut und seine Interessen das erste und vornehmste Amt ist, welches allen übrigen Aemtern, Beschäftigungen, Vergnügungen geistiger und materieller Art vorangeht. Viele tüchtige Männer haben geglaubt, wie sie das Staatsruder mit Leichtigkeit lenken konnten, so auch bei ziemlich ausreichender technisch-landwirthschaftlicher Vorbildung zugleich die specielle Verwaltung ihrer Güter leiten zu können: aber sie sind mit Verlusten zu dem Bekenntniß gezwungen, daß gelegentlich eine solche Direction sich nicht führen lasse, sondern daß sie einmal ergriffen, die Hingabe der Persönlichkeit verlange. Dem studirten und wissenschaftlich durchgebildeten Mann, der die Genüsse eines geistig belebten städtischen Verkehrs kennen gelernt hat, mag die Uebernahme einer Gutsverwaltung und mit ihr das Versenken in die Trivialität des ländlichen Alltagslebens als eine Entsagung, ein Herabsteigen erscheinen. Eine Entsagung ist sie freilich, ein Herabsteigen aber nur, wenn das frische Leben des Geistes mit der Erinnerung in dem städtischen Verkehr zurückbleibt, und nicht mit hinauswandert auf das Land, in die Natur, in die ebenfalls mannigfach gegliederten socialen Verhältnisse des arbeitenden Landvolkes, und vor Allem in eine fröhliche lebendige Thätigkeit. Es ist nicht gesagt, daß für den selbstständigen Dirigenten einer Wirthschaft, Besitzer, Pächter oder Administrator, eine zeitweilige Abwesenheit zur Erholung, Belebung des Geistes, Einsammeln neuer Eindrücke und Erfahrungen, oder zum Behufe der Wirksamkeit für das große Ganze des Staates und der Provinz nicht ohne Nachtheil, ja zum Vortheil sein könne: immer aber muß die Wirthschaft alsdann in ihrer ganzen Organisation auf solche Abwesenheiten berechnet sein, und der Zusammenhang mit den wirthschaftlichen Verhältnissen beständig aufrecht erhalten werden, dieselben auch in jedem dringenden Falle die Hauptsache bleiben. Und dennoch geht selten eine solche Abwesenheit des Dirigenten vorüber ohne pecuniäre Verluste, mancherlei Unordnung und Verdrießlichkeit; auch ist der Schaden, welcher in der Wirthschaft selbst erwächst, in der Regel der Summe nach bedeutend größer, als die Kosten der Reise und des Aufenthaltes außerhalb. So angenehm und förderlich für die Cultur im Großen daher auch Mittel sind, wie allgemeine landwirthschaftliche Zusammenkünfte, so kann doch ein stetes Besuchen derselben, namentlich verbunden mit mehrtägiger Entfernung von Haus und Heerd, oftmals durch die Menge neuer Gegenstände der Belehrung nicht den Verlust daheim aufwiegen. Eine ähnliche Entsagung muß bei den Früchten der Literatur stattfinden; und gerade hierbei ergreift den auf die stille Praxis Gerichteten oft eine gewisse Unruhe, daß er sich nicht auf der Höhe landwirthschaftlicher Bildung erhalte, wenn er nicht viele und ausgedehnte Aufsätze, Journale, neu erscheinende Bücher aus den verschiedensten Theilen des Vaterlandes studire. Im Ganzen werden zwar auch hier dem Practiker bald die Originalschriften bekannt werden, und er wird die vielen Umgestaltungen, deren sich ja heut zu Tage eine jede einigermaßen lebenskräftige Idee zu erfreuen hat, bald herauserkennen und mehr oder minder ignoriren. Aber, eben weil die Landwirthschaft in ihrem wissenschaftlichen Betriebe aus so vielen Fächern der Naturkunde und Staatswirthschaft Nahrung zu schöpfen vermag, um so gefährlicher ist ein genaues Verfolgen dieser zahlreichen Literatur. Tritt hierzu nun etwa noch die persönliche Betheiligung durch schriftstellerische Production, so verlangt eine solche eine um so größere Concentrirung und Anspannung aller Geistes-, ja Körperkräfte, wenn der Hauptzweck, die Gutswirthschaft, nicht darunter leiden soll. Denn es sind nicht nur Kräfte des Nachdenkens und Arbeiten geistiger Sorge, welche von dem Leiter eines landwirthschaftlichen Betriebes beansprucht werden, sondern auch volle Anstrengung, ja oft

Uebermüdung des Körpers. Und wer es versucht hat, wie mühselig es ist, die einfachste Kassen-, Tagelohn- oder Kornbodenrechnung nach überstandener Tagesstrapaze des Gehens, Reitens, Fahrens und zugleich Denkens und Befehlens dabei, in Ordnung zu bringen, der wird an die schriftstellerische Thätigkeit eines von der Praxis völlig beanspruchten Mannes einen viel milderen Maßstab anlegen, als dies meistentheils zu geschehen pflegt. Der Practiker sollte sich aber auch im Allgemeinen nicht auf solche Schriften einlassen, welche Sache des Theoretikers sind; aber was er schreiben kann, und als wissenschaftlich denkender Landwirth schreiben oder doch veröffentlichen muß, das sind seine eignen Erlebnisse, Beobachtungen, Leiden und Freuden in dem ruhigen Gange der Wirthschaft. Es liegt in der kleinsten richtigen Beobachtung der Vegetation, der socialen ländlichen Verhältnisse, des Thierlebens eine viel größere Wichtigkeit, wenn sie mit richtigem Urtheil durch sachgetreue Mittheilung dem großen Ganzen angereiht wird, als in manchen ausgedehnten Schlußfolgerungen über Beobachtungen, deren Tragweite im Augenblick noch gar nicht abzumessen ist. Auch nimmt bei einem richtigen Wirthschaftsdirigenten das materielle und geistige Wohl seiner Untergebenen, Beamten sowohl wie Tagelöhner, einen großen Theil seiner Zeit in Anspruch. Er wird außer der Stelle des Herrn oft die des Arztes, Lehrers, Geistlichen vertreten müssen, und eine gewisse innere Sammlung bei derartigen Gelegenheiten ist in der Unruhe des Tageslebens oft schwer zu erreichen, fordert Zeit und Kräfte, die sich allerdings meistentheils durch den Erfolg reichlich belohnen. Immer aber müssen wir die Behauptung aufrecht erhalten, daß die Hingabe des ganzen Menschen an sein Amt bei der Direction einer Wirthschaft nicht zu umgehen ist, und wer da meint, es gehe auch ohne eine solche, den möchte die wirkliche Erfahrung bald eines andern belehren, oder er ist eben nicht der Wirthschaftsdirigent. Glaubt er es aber dennoch zu sein und scheut sich deshalb einen tüchtigen, ihn vertretenden Beamten anzustellen, so muß er die Gesammtdirection untergeordneten und oftmals ungeeigneten Personen überlassen, wo dann der Herrschende leicht zum

Beherrschten wird, und schließlich Augendiener die Gewalt bekommen.

Es ist hierbei noch ein Punkt zu erwähnen, welcher stets einer ernsten Selbstprüfung unterworfen werden muß, nämlich das Gefallen haben an dem Herrschen. Nur zu sehr liegt es in der Natur des Menschen, daß es ihm wohl thut, wenn er herrschen kann, und ohne daß der Herrschende es will und merkt, entwöhnt er sich des Gedankens, daß nicht die Person, sondern das Amt die Herrschaft bewirkt; der Widerspruch wird dem, der beständig befiehlt, ungewohnt, bald selbst in solchen Fällen unerträglich, wo er nur Gleichberechtigten im Verkehr gegenüber steht, der bewiesene Respect wird zur Gewohnheit, sogar mit einer gewissen kleinlichen Eifersucht gefordert: es tritt die „süße Gewohnheit des Herrschens" ein, wie ein alter Schriftsteller diese Schwäche treffend bezeichnet. Aus einer solchen Gewöhnung zur Herrschaft bildet sich leicht ein schroffes, unfreundliches Wesen nicht nur gegen Untergebene, sondern überhaupt gegen die Menschen, mit Ausschluß etwa noch derjenigen, von denen eine Gunst zu erlangen ist; auch finden sich unter den Untergebenen Heuchler und Augendiener genug, welche durch ihre Fügsamkeit ein Ankämpfen gegen sich selbst noch erschweren oder in den Hintergrund drängen. Manche Naturen besitzen wiederum eine gewisse Zaghaftigkeit zur Herrschaft; aber diese ist ebenso verderblich, denn wenn selbst wirkliche Herzensgüte und Bescheidenheit der Grund sein sollte, aus welchem diese Schüchternheit hervorgeht, in ihren Folgen wird sie stets Hochmuth bei den Untergebenen erzeugen, und nur zu oft durch trübe Erfahrungen der Undankbarkeit in Bitterkeit und Härte bei dem Herrschenden selbst umschlagen. Richtiger Weise muß das Herrschen immer eine Last sein, wenigstens als ein schweres Amt erkannt werden, wie unser Großer Friedrich dasselbe bezeichnet hat; und wenn man immer, auch dem Tagelöhner gegenüber, bedenkt, daß es niemals der Mensch als solcher ist, der über einen Mitmenschen zu herrschen das Recht hat, sondern nur der Mensch, insofern er Verwalter eines Amtes ist, dann werden sich manche Widersprüche von selbst lösen, in denen Viele ihr Leben lang mit Verdruß und Unmuth hängen bleiben.

Ein großer Schatz für den an die Scholle gefesselten Wirthschaftsdirigenten ist ein angenehmer und geistig ebenbürtiger Verkehr in nächster Nachbarschaft. So viel Trauriges ein übertriebener und unangemessener geselliger Umgang, namentlich verbunden mit flachen, zeitvernichtenden Vergnügungen, zu stiften vermag, so vortheilhaft wirkt ein mäßiger Verkehr auf die ganze Persönlichkeit des practischen Landmannes. Theilnahme für die Erlebnisse des Tages, fröhliche und traurige, Austausch von Ideen, von Beobachtungen, gemeinsame Strapazen, all' dies vereint sonst passende Gemüther leicht mit einander. Seien es nun Fachgenossen, seien es anderseits gebildete Berufsmänner: Anknüpfungspunkte finden sich, wo sie ernstlich gesucht werden, und je edler sie sind, desto dauernder werden sie auch vorhalten. Auch die Jagd gehört füglich hier her, und wer wollte es leugnen, daß das Waidwerk eine der angenehmsten Erholungen des practischen Landwirthes ist? Freilich muß sich ein Wirthschaftsdirigent, namentlich wenn er nicht Besitzer ist, auch hierbei immer in Acht nehmen, daß keine Passion aus dieser Beschäftigung werde, zumal wenn dieselbe ihn veranlaßt, sich weit von der Scholle zu entfernen.

„Darf der Landwirth sich ärgern?“ Das ist eine, zwar lächerlich klingende, aber doch wichtige Frage, besonders für den Dirigenten eines größeren Gütercomplexes. Die Antwort ist darauf einfach die: „er darf sich nicht ärgern.“ Aerger ist aus innerer Schwäche verhaltener Zorn, er ist das Zeichen einer gewissen Ohnmacht, welche man bei einer kräftigen energischen Natur nicht finden dürfte. Ohne Zorn freilich darf und kann es nicht abgehen in der Direction eines Gutes: das Unrecht muß bestraft werden; und wenn auch die Wallung oft schwer zu regeln ist: sobald sich die Bestrafung mehr nach der Größe der Schuld als nach dem erlittenen Schaden richtet, wird der Zorn nur gedeihlich wirken. Freilich berücksichtigen wir leicht mehr die Empfindlichkeit unseres Verlustes als die Größe des Unrechts und bestrafen geistige Beschränktheit oft als bösen Willen; ein solcher Zorn ist wohl zu erklären, darf aber doch niemals entschuldigt werden. Es giebt Naturen, welche, mit einem glücklichen Humor begabt, sich leicht und fröhlich über Unannehmlichkeiten hinwegzusetzen vermögen, ohne darum minder streng und gewissenhaft in der Bestrafung des Unrechts zu sein. Solche rasche und kräftige Persönlichkeiten sind aber selten, und der am häufigsten eintretende Fall wird doch immer derjenige sein, daß durch mancherlei Fehlgriffe und deren unangenehme Folgen der Befehlende sich allmälig eine gewisse Selbstbeherrschung und Seelenstärke aneignen muß, die er bei redlichem Bemühen auch zu richtiger Führung seines Berufes erreichen wird.

## § 4.

### Der englische Farmer.

Das Bild eines Dirigenten, wie wir es in vorstehenden Zügen aus den Principien an der Hand der Praxis zu entwickeln versucht haben, finden wir, falls wir es in einem ganzen Stande suchen, am vollkommensten verkörpert in dem Stande des englischen Farmers. Wir besitzen in unserer Sprache leider kein Wort, welches den englischen Begriff ganz genau wiedergiebt, und deshalb wähle ich auch fernerhin diesen so characteristischen Ausdruck. Ich kenne die Verhältnisse der Farmer aus längerer eigner Anschauung, habe mit ihnen gelebt, Freud und Leid, Kurzweil und Langweil, Strapazen und Erholung getheilt. Daher sei es mir gestattet, das hierher Gehörige des fremden Volkes anzuführen, uns in Manchem, wenn auch nicht in Allem, zum Vorbilde.

Der englische Farmer ist keineswegs immer Pächter. Ein großer Theil des Grundbesitzes wird auch dort in der Weise bewirthschaftet, wie unsere norddeutschen Rittergüter. He farms his own (er bewirthschaftet sein Eigenthum) ist der mit Respect ausgesprochene Titel eines solchen im Verhältniß zum englischen Adel kleinen Grundherrn. Gerade unter diesen Farmern finden wir, wenn auch nicht die opulentest wirthschaftenden, doch die geistig oft am meisten durchgebildeten Landwirthe, denen der Hang zur Freiheit des Schaltens und Waltens höher steht, als der größere Geldgewinn aus eiuer mehr oder minder abhängigen Pachtung. Es steht aber ein solcher sein Eigenthum bewirthschaftende Farmer in ganz gleichem Verhältniß zu seinem Gute wie ein Pächter-Farmer, und er betrachtet sich auch selbst ganz so, lebt nicht anders nach Comfort und Gewohnheiten, und verkehrt mit seinen nichtbesitzenden Fachgenossen ganz wie seines Gleichen. Da wir in England Pächter finden, welche mehrere hunderttausend Thaler im Vermögen haben, und doch nur Pächter sind und sein wollen (sie wollen ihr Geld nicht „begraben" — bury — d. h. zum Ankauf von Grund und Boden verwenden), so ist ein solches Verhältniß erklärlich, und wir fassen zu unserm ausschließlichen Zweck der Wirthschaftsdirection hier den Begriff des Farmers auf: als des selbstständigen Dirigenten eines eigenen oder gepachteten Landgutes.

Vorausgesetzt eine tüchtige practische Vorbildung in dem eigentlichen Ackerbau und der Viehzucht, bildet die Verfügung über ein zureichendes, nach unserm Maß sehr hohes Betriebscapital das Haupterforderniß bei einem englischen Farmer. Die Pachtverhältnisse des großen Grundbesitzes sind im Allgemeinen dort in der Art geregelt, daß eine Commission Sachverständiger die Rente ermittelt, welche ein Grundherr von diesem oder jenem Gute billiger Weise verlangen kann. Diese Rente durch künstliche Mittel, Meistgebot u. dgl. in die Höhe zu schrauben, gilt nicht für die Handlungsweise eines Gentleman. Sonach weiß der Herr, was er bei richtiger landesüblicher Wirthschaft als Grundrente erhalten muß, und der Pächter ist ebenfalls durch die Taxation bis zu einem hohen Grade gesichert, daß er nicht zu viel giebt. Es hängt nun also nur von einer mehr persönlichen Verständigung zwischen Besitzer und Pächter ab, in welcher Art das Geschäft zu Stande kommt, namentlich wie es mit Aufbringung der Kosten zu Drainirungen, Bauten u. dgl. zu halten sei. Pachtcontracte giebt es allerdings, sie werden aber wegen des hohen Stempels selten schriftlich abgeschlossen, sondern nur mündlich verabredet und von Jahr zu Jahr erneuert. Trotzdem finden wir Pachthöfe durch viele Jahre, selbst ein Jahrhundert lang und länger in den Händen derselben Pächterfamilie, was freilich außer einem Zeichen, wie hoch Treue und Glauben in jenem Lande steht, auch als ein Segen der Stetigkeit des Grundbesitzes daselbst zu betrachten ist. Bei dem Farmer war die Hauptfrage vor Beginn der Pacht: „habe ich das nöthige Betriebscapital (in der Regel 10 Pfund Sterling per Acre, etwa 50 Thaler per Morgen) für diese Pachtung?“ und demnächst „wie viel Geld kann ich außerdem rentabel in dies Gut anlegen durch intensive Wirthschaftsweise?“ So strömt dem Landbau durch das Dazwischentreten des Farmers mit neuen Geldkräften eine sehr bedeutende Menge von Capital zu, dessen der Grundbesitzer in England trotz seines großen Reichthums dennoch nicht ausreichend disponibel haben würde, all' seine Güter auf eigne Rechnung landüblich zu bewirthschaften. Daher denn auch der enorme Fortschritt in dem Technischen des Landbaues, namentlich im Maschinenwesen, weil stets eine Fülle von Geldmitteln zur Hand ist, neue als rentabel erscheinende oder bewiesene Meliorationen auszuführen.

Die Direction der Arbeitskräfte ist wegen der hohen Stufe der Moralität, auf welcher der dortige Landarbeiter steht, für den Farmer keine eben schwierige Sache. Eine englische Landwirthschaft ist überhaupt so einfach in ihrer Organisation gestaltet, wie wir in unserm Vaterlande nur selten Wirthschaften bei gleicher Intensität des Betriebes und gleichem Reinertrage finden. Die regelmäßige Fruchtfolge: Weizen, Rüben, Gerste, Klee geht mit wenigen Modificationen Jahr aus Jahr ein ihren Gang; dabei findet nach Maß des gewonnenen Futters ein mehrmaliger leicht zu bewerkstelligender Viehankauf statt zur Mastung für den Londoner Markt, wo dasselbe zu wenig schwankenden Preisen beständig Absatz findet. Diese Sicherheit und stete Wiederkehr des Ganges hat auch den Arbeitern eine große Uebung in all' ihren Manipulationen gegeben, und während die Schreibe- und Lesekunst selten bei ihnen in leidlicher Fertigkeit angetroffen wird, so ist ein richtiges Urtheil über die Vorlagen ihrer Arbeit etwas sehr Allgemeines und dem Farmer bei seinen Wirthschaftseinrichtungen Unentbehrliches. Der dortige Tagelohnsatz übersteigt im großen Durchschnitt den unsrigen um mehr als das Doppelte. Doch kann derselbe, zumal bei Verwendung des Arbeiters zur Maschinenleitung, keineswegs als ein hoher gelten, wenn man ihn in Vergleich zu der Leistung des Menschen stellt. Auch werden die Accordarbeiten zu nur wenig höheren Sätzen als bei uns ausgeführt. Der Farmer stellt des Morgens entweder seine Leute selbst an, oder wenn er vornehmer lebt, läßt er sie durch einen Meier anstellen; Controlle ist wenig nöthig, Vorwürfe, wo sie vorkommen, dringen schon durch, wenn sie nur in das Zeichen des Mißfallens Seitens des Herrn gekleidet sind, Schimpfreden hört man niemals, sie sind verpönt, auch unter den Tagelöhnern, selbst bei Geldstrafen. So ist der Farmer durch die unangenehmen Seiten der Inspection wenig behindert, und kann sich desto ungestörter dem Nachdenken und den Dispositionen zum Zweck der höchsten Cultur seiner Farm hingeben.

Zu dieser Behaglichkeit einer englischen Wirthschaft gesellt sich der große Vortheil des für den Ackerbau sehr willkommenen gemäßigteren Klimas. Während die durchschnittliche Julitemperatur von London der von Petersburg gleicht, steht der December mit Mailand auf einer Linie gleicher Kälte, so daß jedes Extrem des Klimas wegfällt. Eine Unterbrechung des Pflügens im Winter von vier Wochen wird für eine sehr große gehalten; Obbach für die Schafe bleibt Jahr aus Jahr ein der freie Himmel, für das Rindvieh und die Schweine einfache Schoppen mit Dach. Einen erheblichen Vorzug bietet auch die lange Vegetationszeit aller Pflanzen in der kühleren durchschnittlichen Jahrestemperatur, und erklärt sich daher auch ihre vollkommenere Ausbildung, gemehrt in Sicherheit durch einen weit stärkeren Regenfall, Nebel- und Thauniederschlag, als dies unter demselben Breitengrade im nördlichen Deutschland der Fall ist. Alle diese Naturbegünstigungen erleichtern das Wirthschaften in England sehr, und wir können wohl behaupten, daß ein guter Wirth unsres norddeutschen Flachlandes weit leichter in England mit Erfolg Ackerbau treiben werde, als ein englischer Wirth in unsern weit schwierigeren Verhältnissen. Daher finden wir denn auch die allgemeine Bildungsstufe von Landwirthen mit gleichem Vermögen bei nns höher stehend als in England. Ob dies für die Ausübung des Gewerbes als Landbauer selbst von Vortheil ist, bleibt freilich die Frage. Der englische Farmer besitzt diese glückliche Einseitigkeit, daß er für wenig andere Dinge Sinn hat als für seine Farm, sein Vieh, seine Früchte. Von Politik interessirt ihn nur die seines Vaterlandes, bei dessen sichrer insularer Lage das übrige Europa ihm wie ein Theater erscheint, auf dem es bunt hergeht, welches aber eigentlich nicht weiter zum Leben gehört, als soweit es auf die Preise Einfluß ausübt. So auf das Tägliche gerichtet, haftet er streng an seiner Scholle. Wenn die öffentlichen Angelegenheiten und die Marktgeschäfte den Farmer auch gewöhnlich an dreien und mehr Tagen in der Woche von Hause abrufen, so bleibt er doch nur im äußersten Nothfalle über Nacht von Haus und Hof weg; selbst die großen Thierschauen und landwirthschaftlichen Feste geben nur selten Veranlassung dazu, weil durch Eisenbahnzüge zwischen allen Theilen des Landes dafür gesorgt wird, daß der Abend jeden Besucher wieder daheim finden könne. Der gesellige Verkehr des Farmers ist einfach, aber in seinem ganzen Zuschnitt comfortabel, der Haushalt geregelt und berechnet bis in's Kleinste, aber gediegen und behaglich, jede Kärglichkeit und jeden unbequemen Luxus vermeidend. Den Sonntag hält der Farmer sehr streng, in manchen Dingen pedantisch, aber er genießt ihn unverkümmert, indem er sich volle Ruhe von allen Geschäften gönnt. Solche Eigenschaften, welche dem Farmer mehr von Natur, durch Sitte und Erziehung, sowie durch die ganzen Constellationen des englischen Landbaues eigen geworden sind, solche durch Kraft des Denkens und Wollens in unsern Verhältnissen zu erreichen, möchte als ein richtiges Ziel für unsere Wirthschaftsdirection vorgesteckt werden. Grade diese durch die persönliche Willenskraft hervorgerufene geistige Ueberlegenheit wird uns auch vor dem oftmals theilnahmlosen Wesen des englischen Farmers bewahren, und unsrer Weltanschauung stets die größere Tiefe und Innigkeit, dieses Kleinod deutschen Sinnes erhalten.

## § 5.

### Der Dirigent als Besitzer.

Wir kehren nach dieser Abschweifung in ein fremdes Land wieder zu unsern heimischen Verhältnissen zurück. Die Stellung des Dirigenten zu seiner Wirthschaft unterliegt einer dreifachen Modification. Entweder ist der Dirigent selbst der Besitzer des Gutes, dessen Verwaltung er leitet, oder er ist Pächter desselben, oder nur Verwalter.

Ersteres Verhältniß, daß der Besitzer sein eigenes Gut selbst bewirthschaftet, ist das im nördlichen Deutschland auf unsern Rittergütern am häufigsten vorkommende. Es ist unleugbar die angenehmste Stellung eines Wirthschaftsdirigenten, wenn er ganz auf eigene Rechnung wirthschaften kann, und es wählen Viele mit Recht als das beste Theil, Ackerbauer auf eigener Scholle zu sein, selbst unter der Bedingung, einen nicht unbedeutenden Theil ihres Gutseinkommens zu Zinses-Zahlungen an Creditoren verwenden zu müssen. Ob dies pecuniär die richtigste Handlungsweise ist, müssen wir freilich dahin gestellt lassen, ja sogar für die meisten Fälle verneinen, denn das in dem eigentlichen Wirthschaftsbetriebe zweckmäßig angelegte Capital verzinst sich in der Regel immer höher, als das zum Ankauf von Grund und Boden verwandte, wenn sich auch bestimmte Procentsätze schwer feststellen lassen. Was dem Menschen aber sauer wird, das wird ihm lieb, und so gewinnt der Landwirth auch allmählig die Scholle lieb, der er seine Arbeit, sein Nachdenken, seine Sorge zuwendet, so anders er ein dafür empfängliches Gemüth überhaupt besitzt. Es müssen daher die edleren Genüsse, in dem Bewußtsein für das Eigenthum seine Kräfte zu opfern, das Eigenthum in seinem Werth zu erhöhen, in seiner äußern Erscheinung zu schmücken, seinen Kindern besser zu hinterlassen, als es übernommen worden: diese mehr ethischen Freuden müssen dasjenige aufwiegen, was etwa mit demselben Quantum anderweit angelegten Capitals hätte mehr erworben werden mögen. Auch können manche Anlagen für das Ganze, z. B. Einrichtungen zum Comfort und der Verschönerung, kaum von einem Andern, als dem Besitzer selbst ausgeführt werden, und es liegt wiederum in der Natur der Sache, daß nur Derjenige Capital zur Verschönerung anlegen wird, der sich einen Genuß davon versprechen darf. Der entfernt wohnende, nur Rente einziehende Besitzer steht aber in der Regel seiner Scholle zu fremd gegenüber, als daß er sich so im Kleinen ihrer freuen und sie pflegen sollte. Daß der selbstwirthschaftende Besitzer sich je nach seinen Vermögensumständen hie und da Erleichterungen und Bequemlichkeiten verschaffen sollte, welche einem Administrator nicht zukommen, ist wohl ein natürliches Ding, doch aber wird auch der Besitzer von Zeit zu Zeit wohl daran thun, sich als seinen eigenen Pächter oder Inspector zu betrachten, weil der Versuchungen manche den Gutsertrag beeinträchtigen möchten. Was bei einem Beamten das Pflichtgefühl bewirken, soll, nämlich den Antrieb zum Fleiß und zur Sorgfalt, das wird bei dem Besitzer allerdings schon durch den Egoismus und die natürliche Sorge für Erhaltung und Vermehrung des Eigenthums bewirkt, so daß auch hierdurch ein wesentliches Moment geboten wird, welches mit Recht die Stellung eines auf eigenem Boden wirthschaftenden Dirigenten fast zum angenehmsten landwirthschaftlichen Beruf macht. Es treten bei dieser sonst so freien Stellung aber namentlich die moralischen Verpflichtungen mehr in den Vordergrund: die Sorge für die Tagelöhner nach leiblichen und geistigen Bedürfnissen, für Schule, Kirche, die Handhabung eines mehr patriarchalischen Regimentes, die Heranbildung der aufwachsenden Generation zu kräftigen Arbeitern. Ferner aber drängen sich auch eben diejenigen Meliorationen des Gutes auf, welche in Umänderungen des gesammten Wirthschaftsbetriebes, Gränzregulirungen und Umlegungen, Schonungsanlagen, Bauten, erheblichen Wegebesserungen, Dränirungen, Anlagen technischer Betriebe bestehen, — Alles Verbesserungen, welche fast nur von der unmittelbaren Leitung des Besitzers und seinem Wohlgefallen daran ausgehen können, wenigstens, auch wenn sie von einem Pächter ausgeführt werden, doch zum großen Theil aus der Kasse des Besitzers bestritten zu werden pflegen, und also seine Mitwirkung verlangen.

Es mag das Verhältniß des auf einem oder einigen Gütern selbstständig wirthschaftenden Eigenthümers möglicher Weise nicht dasjenige sein, bei welchem ein Staat zur höchsten landwirthschaftlichen Cultur kommt, auch nicht das pecuniär rentable wie ein durch stetiges Grundeigenthum gesichertes Pächterverhältniß, schon wegen des zu vielen nützlichen Anlagen mangelnden Capitals: immerhin ist es aber, das moralisch am höchsten stehende; dasjenige, bei welchem die engste Verbindung zwischen Herrn und Tagelöhner Statt findet — Statt finden sollte! — Auch werden dessen Segnungen nicht ausbleiben; zumal wenn der Wohlstand der Grundbesitzer in einem Staate so groß ist, daß die Güter mehr und mehr aufhören, rollende Waare zu sein.

## § 6.

### Der Dirigent als Pächter.

Die zweite Stellung des Dirigenten zu seiner Wirthschaft ist die des Pächters. Wo die Lage des Pachtunternehmers so gesichert ist, wie die oben bereits erwähnte eines englischen Pächters, da ist für Individuum und Wirthschaft kein geregelteres Verhältniß erforderlich. Anders aber gestaltet es sich, wenn die Pachtungen so vielen Zufälligkeiten unterworfen sind, als dies leider in unserm Vaterlande der Fall ist. Freilich haben auch wir Districte, wo Sitte und Herkommen durch die Ungunst der Gesetze durchgebrochen sind, und ein dem Besitzer und Pächter willkommnes Verhältniß hergestellt haben, und da heißt es recht eigentlich, „reiche Pächter, reiche Herren, arme Pächter, arme Herren." Das rein contractlich-gesetzliche Uebereinkommen, wenn es nicht durch gegenseitiges Vertrauen gegründet war und fortgeführt wird, sichert niemals genugsam gegen Willkürlichkeiten von beiden Seiten, welche dann leicht zu Mißhelligkeiten, ja zu Processen durch alle Instanzen ausarten. Zu dieser Schwierigkeit tritt die ungemeine Verschiedenheit des Culturstandes einzelner oft benachbarter, in gleicher agrarischer und merkantilischer Lage befindlicher Güter, desgleichen die Unsicherheit in der Schätzung desjenigen Capitals, welches in Form der Durchdüngung, der guten und tiefen Cultur der Ackerkrume vom Pächter übernommen werden soll. Befindet sich ein Gut auf einer Culturstufe, welche höher ist als der allgemeine Durchschnitt in der Gegend, so wird der Besitzer sich schwer dazu entschließen, es zu verpachten; er wird es lieber administriren lassen, indem er vermeint, die Rente des Pächters zum Theil noch für sich zu erhalten. Die contractlich so schwer zu bestimmenden und in der Praxis noch schwerer aufrecht zu erhaltenden Abkommen über Neubauten, große und kleine Reparaturen, Holznutzungen und dgl. mehr; die Trennung von der mühsam cultivirten Scholle, von den Personen des Gutes — man kann sagen, für den momentanen Besitzer auf Lebenszeit —: zu all diesem gehört ein schwerer Entschluß seitens des Eigenthümers, selbst wenn er den sichersten Pächter antrifft. Ist das Gut deteriorirt, so wird wiederum der Pächter nur eine sehr geringe Pacht bewilligen, weil er zu Anfang viel Capital anlegen muß, und doch nicht weiß, wie lange er bei Lebzeiten zum Genuß und Erwerb kommen wird, — und Pachtcontracte vererben ist namentlich bei minorennen Erben für Besitzer, Pächter und Gericht ein unerquickliches und fast unlösbares Problem. Auch ist bei vorkommenden Subhastationen der Güter ein Pächter contractlich kaum anders gesichert, als wenn er auch im Stande ist, das Gut selbst als Eigenthümer anzunehmen, und kann er dies nicht, so hat er den größten Theil des Seinigen verloren. Glücklich alsdann der Pächter, der unter leidlichen Bedingungen festen Grundbesitz gepachtet hat, sei es vom Staat, sei es von Majoratsherren oder aus Fideicommissen, so anders um letztere nicht lange Processe schweben, und der zeitige Besitzer nicht weiß, wie lange er Besitzer bleiben wird.

So selten nun auch gute Pachtverhältnisse im Vergleich zu England bei uns vorkommen — und ich nenne gut noch alle diejenigen, wo die Mißhelligkeiten sich nicht zu Processen steigern — so ist doch nicht zu leugnen, daß das Pächterverhältniß das correcteste und klarste ist, in welchem der Dirigent zu seinem Wirthschaftsbetrieb stehen muß. Auch der Eigenthümer thut wohl daran, sich bei jeder Rechnung als seinen eigenen Pächter zu betrachten, von seinem Gute eine Grundrente zu verlangen, etwa gleich der von einem Pächter bewilligten, auch sein Grund- und Betriebscapital in der Verzinsung zu unterscheiden. Der englische Lord, welcher etwa zu seinem Vergnügen den home-farm, wo er wohnt, selbst bewirthschaftet, rechnet sich ebenfalls Grundrente an, und bekennt meistentheils unverholen, daß er nicht die Rente erreiche, welche ihm ein Pächter gern geben würde. Wenn der Besitzer sich gestattet, andern Dingen obzuliegen, als der Bewirthschaftung seines Gutes, so ist es sein Belieben, Niemand kann's ihm wehren, und er bleibt doch immer in seinem Stande als Grundherr; ein Pächter, dem sein Gut gleichgültig ist, und welcher sich mit andern Dingen beschäftigt, giebt gewissermaßen seinen ganzen Stand und Beruf auf. Was bei dem Herrn freier Wille, ist bei dem Pächter Nothwendigkeit, und eben deshalb glaube ich nicht zu irren, wenn ich das Verhältniß des Pächters zu seiner Wirthschaft das landwirthschaftlich correcteste nenne.

## § 7.
### Der Dirigent als Verwalter.

Als die dritte Stellung des Wirthschaftsdirigenten haben wir diejenige bezeichnet, wo derselbe nur Verwalter des ihm anvertrauten Gutes ist. Hier ist die Triebfeder zur Bewirthschaftung nicht das bloße Belieben, wie dies bei dem Besitzer der Fall war, nicht der Zwang des eigenen Nutzens, wie beim Pächter, es bleibt nur die gewissenhafte Verpflichtung übrig, als ein rechtschaffener Haushalter über das Eigenthum des Herrn da zu stehen. Das Bewußtsein dieser Verpflichtung muß die Grundlage sein, auf welcher der ganze Geist der Verwaltung erbaut ist, und wenn auch Tantieme oder andere Mittel diese innere Schuldigkeit mit dem eigenen Vortheil des Verwalters verbinden mögen, ersetzen werden sie doch niemals, was an der ersten moralischen Grundlage mangelt. Haben wir also im Besitzer und Pächter natürlich begründete Dirigentenverhältnisse betrachtet, so erblicken wir in dem Verwalter als Dirigenten das strengste und selbstsuchtloseste Haushaltsregiment, den eigentlichen Beamten: Administrator, Director, Oberinspector. Daß derartige, den Besitzer nach allen Richtungen zu vertreten befähigte Individuen, namentlich für größere Gütercomplexe, schwer zu finden sind, hat weniger darin seinen Grund, daß solche Persönlichkeiten unter dem landwirthschaftlichen Beamtenstande überhaupt so selten wären als vielmehr darin, daß mehrentheils kein so hohes Gehalt für dieselben ausgesetzt wird, als sie nach ihren Leistungen beanspruchen dürfen. Sie ziehen es daher vor, statt der sehr verantwortungsvollen und immer abhängigen Stellung eines Administraters, lieber eine Pachtung oder ein kleines Eigenthum nach ihren Vermögensverhältnissen zu übernehmen, wo sie zwar in einem beschränkteren, und ihre geistigen Kräfte nicht so vollständig absorbirenden, aber rentablen und behaglichen Wirkungskreise leben.

Derjenige Besitzer, welcher einen Administrator anstellt, muß zu demselben vor allen Dingen ein volles Vertrauen hegen und ihm dieses auch bezeigen, sowohl in Bezug auf seine Leistungen als auf seine Rechtlichkeit, denn die Verbindung geschieht meistens auf längere Zeit und darf also nicht ohne ernstliche Prüfung von beiden Seiten eingegangen werden. Aber auch das beste persönliche Verhältniß kann getrübt und gestört werden, und auch bei augenblicklich gutem Einverständniß können spätere Meinungsverschiedenheiten eintreten; deshalb ist eine feste Notirung oder contractliche Abmachung der Rechte und Pflichten beider Theile stets sehr anzurathen, wenn dies auch nur in der Form von General- und Specialvollmacht geschieht. Besonders muß der Kreis der freien Disposition für den Administrator genau und klar bestimmt werden, damit einestheils derselbe sich nicht Eigenmächtigkeiten oft ohne seine Absicht, erlaube, anderntheiles auch der Herr sich immer deutlich bewußt sei, wie weit er in die Verwaltung des Ganzen später noch eingreifen dürfe. Eine gewisse Entsagung muß von beiden Seiten Statt finden; giebt es doch ohne dieselbe überhaupt kein dauernd haltbares menschliches Verhältniß!

Gehalt und äußere Stellung eines solchen Beamten müssen seinem höhern Bildungsstande und seiner Machtbefugniß angemessen sein. Das Erwerben gediegener Kenntnisse verlangt eine große Capitalsanlage, und das Gehalt soll nicht nur die gegenwärtige Leistung vergüten, sondern dem Beamten auch sein Anlagecapital als Leibrente verzinsen und zur weiteren Versorgung seiner Familie wieder erstatten. Im Uebrigen wird die Größe des Gutscomplexes und das Einkommen aus demselben für den Besitzer die Norm der Gehaltssumme angeben. Von vielen Grundherren wird es als zweckmäßig befunden, außer dem fixirten Gehalt dem Beamten noch eine gewisse Tantieme, entweder von der im Ganzen abgelieferten Summe oder von dem Ueberschuß über eine Minimalrente zu bewilligen. So mannigfache Schwierigkeiten dies namentlich mit Bezug auf neue Capitalsanlagen, deren Aussonderung aus der Rechnung und besondere Verzinsung durch die Gutseinnahme darbietet, so ist eine solche Einrichtung doch in vielen Fällen sehr zweckentsprechend, weil dadurch der Beamte fester mit dem Gute und seinen Erträgen durch Freud und Leid zusammenwächst, und also auch ein mit seinem Herrn mehr gleiches Interesse bekommt, auch bei seinen Operationen eine größere moralische Beruhigung gewinnt. Die Summe des Honorars eines Administrators ist nach der oben angegebenen größeren oder geringeren Ausdehnung seines Amtes verschieden. Bei ganz freier Station, beliebiger Disposition über Reit- und Wagenpferde schwankt das baare Gehalt solcher ganz selbstständigen Administratoren im nördlichen Deutschland von fünf hundert bis zu zwei tausend Thalern und wird vielleicht noch um das doppelte und dreifache in manchen Fällen durch Tantieme erhöht.

Ueber die Gränzen der Dispositionsbefugniß des Administrators lassen sich allgemeine Regeln schwer angeben; es hängt dieselbe zu sehr von dem Lokale und dem größeren oder geringeren Interesse ab, welches der Besitzer sich für persönliches Eingreifen in die Verwaltung bewahrt. Substanzverminderung des Gutes durch Verkauf, Schonungsanlagen, Abholzungen, Auseinandersetzungen, Verpachtungen, Bauten und dergleichen dauernde Veränderungen des Wirthschaftsbetriebes, überhaupt selbstständige Capitalsanlagen, welche eine bestimmte Summe überschreiten, pflegt der Administrator nicht ohne specielle Genehmigung des Besitzers ausführen zu dürfen, es sei denn ein für alle Mal ein Plan dafür aufgestellt, dessen Entwerfung aber sehr große Schwierigkeiten bietet. Dagegen gehören Fruchtfolge, Feldeintheilung, Bestimmungen über die Viehhaltung, Lohnsätze, Entlassung und Annahme von Unterbeamten und Tagelöhnern gewöhnlich zur alleinigen Befugniß des Administrators.

Da indeß ein derartig selbstständiger Dirigent immer ein abhängiger Amtsverweser bleibt, so befindet er sich bei aller Freiheit seines Schaltens doch stets in dem Verhältniß der Unterordnung gegen seinen Herrn, und daß sich dieser schuldige Gehorsam so schwer mit der im Uebrigen herrschenden und befehlenden Stellung vereinigt, ist der gefährliche Punkt des Anstoßes. Während der Besitzer, auch wo in einem Zweige der Verwaltung irgend etwas nicht nach seinem Willen geht, falls er diesen Zweig dem Beamten überlassen hat, so viel Selbstentsagung in sich tragen muß, nicht befehlend zu moniren, oder gar in Voreiligkeit einzugreifen: so muß wiederum auch der Beamte dann gern und mit besten Kräften dem Willen des Herrn nachkommen, sobald etwas nach seiner Ueberzeugung Unzweckmäßiges von ihm verlangt wird; freilich muß er dann auch von der Verantwortung für das Resultat einer solchen Operation, gegen welche er Vorstellungen machte, völlig dispensirt werden.

Im Uebrigen ist wohl zu berücksichtigen, daß solche Verhältnisse sich stets schneller knüpfen, als sie sich lösen lassen. Der Wechsel eines Wirthschaftsdirectors, zumal bei unfriedlicher Trennung, geht selten ohne die erheblichsten Verluste für den Besitzer vor sich. Wenn daher einmal mit bestem Vorbedacht ein gegenseitiges Abkommen getroffen ist, so heißt es da, lieber sich in die beiderseitigen, vorher nicht gekannten Schwächen fügen, und einander mit Geduld und Nachsicht tragen, als durch Gereiztheit vielleicht Mißhelligkeiten hervorrufen, beiden Theilen zum Unbehagen, und der Wirthschaft zum größten Schaden.

## § 8.

### Die Ausbildung zum Dirigenten.

Wenn auch die Praxis viele Fälle aufweist, wo tüchtige Wirthschaftsdirigenten, ohne besondere Vorbereitung für das landwirthschaftliche Gewerbe, durch die Noth des Lebens und durch ihre Thätigkeit selbst gebildet wurden, so sind solche von der Natur reich begabte Persönlichkeiten doch zu selten, als daß hieraus eine Norm abgeleitet werden dürfte. Wir wollen demgemäß den Bildungsweg näher in's Auge fassen, welchen ein junger Mann einzuschlagen hat, um sich diejenigen Kenntnisse zu erwerben, welche ihn zur selbstständigen Leitung einer Wirthschaft, sei es auf eigene, sei es auf fremde Rechnung, befähigen. Es können hierbei zwei ganz entgegengesetzte Methoden eingeschlagen werden, welche in richtiger Anwendung beide zu dem erwünschten Ziel geführt haben, nämlich das Beginnen mit der Wissenschaft und Uebergehen in die Praxis, oder der umgekehrte Fall, mit der Praxis anzufangen und mit der Wissenschaft zu schließen. Beide Wege indeß, wenn sie zu der für die practische Führung des Gewerbes nothwendigen höchst möglichen Ausbildung führen, und zu einer demgemäßen Stellung vorbereiten sollen, können nicht eher richtiger Weise betreten werden, als bis das betreffende Individuum eine tüchtige Schulbildung eines Gymnasiums oder einer Realschule zu den obern Klassen absolvirt hat. Ein Mangel darin wird bei späteren höheren Stellungen peinlich empfunden, und muß jedenfalls nachgeholt werden, und erfordert dies dann ungleich größere Anstrengung, als es in der Jugend der Fall gewesen wäre. Ja es ist solche Vorbildung für jeden jungen Mann, auch wenn er schon früh zur Landwirthschaft bestimmt wird oder sich selbst bestimmt, rathsam, nicht sowohl um der speciellen Kenntnisse willen, als der damit verbundenen allgemeinen Bildung wegen, endlich aber auch deswegen, damit ihm bei etwaigem Mißlingen der landwirthschaftlichen Laufbahn, noch andere Wege, eine angemessene Lebensstellung zu gewinnen, offen bleiben.

Gewöhnlich treibt den Jüngling, welcher schon auf der Schule von dem Ideale eines Landwirths träumt — welches er bei Ferienbesuchen auf dem Lande als im Reiten und Befehlen bestehend, kennen gelernt hat — eine solche Ungeduld, die Mauern der Stadt und die unbequemen Schulbücher zu verlassen, daß er die practische Erlernung der Operationen des Ackerbaues aller übrigen weiteren Vorbildung vorzieht. Er wird demgemäß zweckentsprechend auf ein Landgut zu einem tüchtigen Wirth, womöglich in eine nicht zu complicirte Wirthschaft, in die Lehre gegeben. Ja es ist auch gut, diesen ersten glühenden Enthusiasmus bei dem jugendlichen Gemüth dahin dienen zu lassen, daß die großen Beschwerlichkeiten der Jahreszeit leichter und schneller überwunden werden. Oftmals sind gerade diese der Grund, daß sonst practisch und geistig befähigte Individuen einen solchen Widerwillen gegen den Landbau bekommen, daß sie bei nächster Gelegenheit ihre Sachen packen, und der Landwirthschaft mit Freuden auf immer Lebewohl sagen. Deshalb ist es auch eine so überaus verkehrte Maßregel, junge Leute, welche nicht die Fähigkeit, oder vielmehr in den meisten Fällen nicht den Fleiß besitzen, sich durch das Gymnasium durchzuarbeiten, vielleicht gar wider ihren Willen sofort auf's Land zu gehen, und zu Landwirthen zu bestimmen, in der Meinung, daß sie in dieser Beschäftigung Gelingen haben würden. Es pflegen dies, wenn sie bei dem Fach verbleiben, zeitlebens unglückliche Individuen zu werden, sie müßten denn darin glücklich sein, beständig hinter dem Pfluge schleichen zu können. Solchen wäre ein besserer Dienst durch gehörige Strenge und Anhalten zum Lernen geleistet, oder durch Bestimmung für irgend einen Nahrungszweig, dem ihre Gaben genügen, als durch das Hinausschleudern in die Landwirthschaft.

Nach überwundenem ersten Lehrjahre pflegt die Begeisterung des jungen Landwirthes sich etwas abgekühlt zu haben. Die Erinnerungen aus der früher so lästigen Schulzeit erscheinen bei den Lasten des täglichen, oft langweiligen und doch ruhelosen und ermüdenden Lebens in einem immer rosigeren Lichte, und es erwacht, namentlich wenn der Lehrprincipal nicht die Fähigkeit besitzt, den jungen Mann in der Praxis zugleich etwas wissen=

schaftlich anzuregen, eine große Sehnsucht, das Leder mit der Feder zu vertauschen und zu studiren. Dazu kommt leicht ein gewisser Ueberdruß an den körperlichen Strapazen, deren man sich beim Studiren mehr überhoben weiß, eine Sehnsucht nach freierer Bewegung und der Gedanke: man wisse doch schon recht viel von Landwirthschaft. Dies ist die schlimmste Periode, um einer ungründlichen und halben Bildung, welche weder theoretisch noch practisch zum Ziel führt, aus dem Wege zu gehen, und es heißt hier: Aushalten auf dem begonnenen Wege. Auch ist es nicht rathsam, daß der junge Landwirth schon nach einem Jahre der begonnenen Ausbildung in eine andere Wirthschaft gehe, denn im ersten Jahre hat der Anfänger mit seiner Anschauungsweise nur Vorbereitungen gesehen, erst im zweiten Jahre treten für ihn die Erfolge derselben hervor, er vermag zu erkennen, warum dies und jenes so und nicht anders vollführt wurde, und lernt so aus dem Zweck die Mittel beurtheilen. Ein tüchtiger Lehrherr wird den Lehrling nun auch schon mehr zu seiner wirklichen Hülfe verwenden, ihm manches Geschäft fest übertragen können, und so das Bewußtsein des Amtes in ihm erwecken, ein Gefühl, welches in kräftigen Gemüthern mehr Ernst und Reife hervorruft, als selbst viele Kenntnisse und Fähigkeiten ohne bestimmte Anwendung für einen Lebenszweck.

Am Ende des zweiten Jahres kann der junge Landwirth bei guten Gaben und zweckmäßiger Entwickelung derselben so weit vorgebildet sein, daß man es seiner eigenen Wahl anheimstellen darf, ob er noch in derselben Wirthschaft bleiben, oder eine andere kennen lernen, oder auch, ob er seine wissenschaftliche Fortbildung nun weiter verfolgen will. Im Allgemeinen wird es sich hier als das Zweckmäßigste herausstellen, wenn die Praxis noch etwa ein Jahr fortgesetzt wird, und dies vielleicht in einer benachbarten, der bisher besuchten in ihrer Einrichtung ähnlichen Wirthschaft, wo indeß mit der Thätigkeit jedenfalls ein Amt und eine Verantwortlichkeit verbunden sein muß, wenn das Jahr auf das höchste ausgenutzt werden soll.

Nach Ablauf des dritten Jahres ist im Allgemeinen der

geeignete Zeitpunkt eingetreten, die Wissenschaft wieder zu ergreifen. Jetzt ist die practische Grundlage gelegt, die Erinnerungen der Gymnasialkenntnisse sind noch lebendig, besonders wenn die Mußestunden an Winterabenden nicht zu Lectüren von Zeitschriften, welche einen Anfänger stets verwirren, oder gar zu Kartenspielen und dergleichen, sondern zur Auffrischung des Schulwissens oder zum Studium eines gründlichen, bewährten Lehrbuches der Landwirthschaft verwandt sind. Wird die wissenschaftliche Fortbildung noch weiter hinausgeschoben, so geht leicht die Empfänglichkeit für das Studium und für die strenge Lehre über der Praxis verloren; es tritt mit dem Vergessen der Vorbildungswissenschaften eine Unlust zum wissenschaftlichen Denken überhaupt ein, oder dieses erfordert später eine große Energie des Geistes, zu welcher nicht alle Naturen befähigt sind. Der geeignetste Weg für den Landwirth, sich in der Lehre zu vervollkommnen, ist nun in unserm Vaterlande durch die höheren landwirthschaftlichen Lehranstalten geboten. Der Besuch einer solchen Anstalt durch ein Jahr, weit besser aber durch zwei Jahre, wird die einzeln stehenden Data der Praxis sammeln, in eine Uebersicht für das eigene Bewußtsein bringen, die nöthige Kritik geben, landwirthschaftliche Bücher und Zeitschriften zu verstehen, und somit durch die Literatur auch später mit der wissenschaftlichen Entwickelung des Landbaues im Zusammenhang zu bleiben.

An die academische Laufbahn schließen sich, falls nicht die Ungeduld, alles Gelernte sofort anzuwenden, noch zu einer kurzen vorherigen Praxis treibt, am besten jetzt die Reisen an. Landwirthschaftliche Reisende giebt es in großer Zahl, und geschrieben wird über die Reisen auch viel; Jeder sieht ein und dasselbe Ding nach seiner Weise an, so daß es scheinbar doch immer eine neue Gestalt annimmt. Hier sich herausfinden und bei den Reisen das Unwichtige ausscheiden, ist nur einem practisch vorgebildeten Landwirth möglich; der Theoretiker wird überall leicht geblendet werden und etwas Neues zu sehen glauben, sich mit Einzelnheiten abquälen, und schließlich doch eine große Unbefriedigung fühlen. Namentlich sind längere Reisen, auf denen Wirthschaften nur aus der Vogelperspective (der englische Farmer bezeichnet diese Methode der Besichtigung birds-eye-view) betrachtet werden, etwas zwar für den landwirthschaftlichen Schriftsteller Geeignetes, für den ausübenden Landwirth aber Zweckloses und Ermüdendes. Ein fremdes im Ackerbau hochstehendes Land besuchen, z. B. England, Belgien, darin ein Jahr auf etwa zwei bis drei Wirthschaften verweilen, und von diesen Stationen aus Touren in die Nachbarschaft machen, ist meiner Meinung nach die zweckmäßigste Reisemethode, bei welcher zugleich das Gemüth, nicht nur der Verstand einen Genuß hat. — Nach beendeten Reisen eine Gutsverwaltung, aber unter der Leitung des eigentlichen Dirigenten annehmen, und entweder einige Jahre in derselben verbleiben, oder auf mehreren complicirten Wirthschaften, mit technischen Gewerben und Forsten verbunden, theils als Inspector, theils als Volontär verweilen, wird alsdann die letzte Feile an die landwirthschaftliche Ausbildung legen, und den Landwirth zu dem Amte eines ganz freien, selbstständigen Wirhschaftsdirigenten befähigen; sei es nun, daß er sich ankaufe, pachte, oder daß er eine Verwaltung übernehme. Mit dem achtundzwanzigsten bis dreißigsten Jahre pflegt dieser Zeitpunkt erreicht zu sein, ein Alter, in welchem auch der Character sich zu der nothwendigen Festigkeit entwickelt hat, um den Stürmen des practischen Lebens zu trotzen, im Glück nicht leichtfertig, im Unglück nicht verzagt zu werden, wiewohl dies eine Uebung für das ganze Leben des Landwirths zu bleiben pflegt.

Die andere Methode sich zum Wirthschaftsdirigenten auszubilden beginnt mit der Pflege der wissenschaftlichen Seite. Es ist dieser Weg unter gewissen Verhältnissen dem ersteren vorzuziehen, namentlich alsdann, wenn der junge Mann auf dem Lande geboren, erzogen, und auf der Schule in stetem Zusammenhang mit der väterlichen Wirthschaft geblieben ist, so daß er einen gewissen Vorrath von Bildern practischer Anschauung gewonnen hat. Auch in demjenigen Falle ist sie unbedingt vorzuziehen, wenn der Entschluß, Landwirth zu werden, erst in reiferen Jahren aus Neigung, wegen Familienverhältnisse oder aus Gesundheitsrücksichten gefaßt wurde.

Eine elementare Lehrzeit in der oben angegebenen Weise würde alsdann nur vermittelst einer großen Selbstbeherrschung von sehr festen Characteren durchgeführt werden können, dennoch aber den Zweck langsamer, als nöthig ist, erreichen. Vorausgesetzt einen früheren Entschluß, sich der Landwirthschaft zu widmen, darf doch nach absolvirtem Abiturienten-Examen nicht sogleich mit dem Besuch einer landwirthschaftlichen Lehranstalt begonnen werden. Am zweckmäßigsten ist für den späteren Dirigenten, namentlich Besitzer größerer Güter, deren Verwaltung er selbst zu übernehmen gesonnen ist, nach der practischen Seite des Landbaues hin ein juristisches Studium, und eine darauf folgende juristische Thätigkeit, nach der wissenschaftlichen Seite ein Studium der Natur- und Cameralwissenschaften auf Universitäten, auch ein Studium des Forstfaches. Weniger für das Technische und Geschäftliche des landwirthschaftlichen Betriebes, aber gerade zum Zweck der Direction ausgezeichnet vorbereitend ist unstreitig eine militärische Laufbahn, und gerade diese, wenn sie nachmals durch Studium der Naturwissenschaften und Uebung in der landwirthschaftlichen Praxis ergänzt wurde, hat sehr tüchtige Wirthschaftsdirigenten gebildet, welche auch für das Allgemeine der Wissenschaft im Landbau Bedeutendes gewirkt haben. Holten doch auch die Römer ihre Feldherrn vom Pfluge, den diese im Frieden statt des Schwertes führten!

Der durch Studium gereifte Mann pflegt am besten als Volontär bei einem ernsten und erfahrenen Wirth einzutreten. Er muß sich in dieser Stellung volle Freiheit des Thuns und Lassens bewahren; freilich aber, wenn er es vorzieht, sich in der Wirthschaft anstellen zu lassen, dann auch die vollste Entsagung besitzen. Gewöhnt an Arbeit und Nachdenken, gewöhnt an Regelung der Beobachtungen, wird ein so vorgebildeter Volontär, wenn er sich gelegentlich auch zum Herrn über die einzelnen Manipulationen und Handgriffe der Praxis macht, in zwei Jahren zur Führung einer einfachen Wirthschaft unter specieller Aufsicht eines Dirigenten befähigt sein. Die Uebernahme eines solchen Amtes, wenn auch manche persönliche Schwierigkeiten dabei nicht zu verkennen sind, ist jedenfalls etwas sehr Anzurathendes, weil die Verantwortung eine so vortreffliche Lehrmeisterin ist. Darnach tritt dann der Zeitpunkt zum etwa einjährigen Besuch einer landwirthschaftlichen Lehranstalt ein, der auch bei tüchtiger wissenschaftlicher Vorbildung durch Selbststudium von guten Werken nur selten völlig ersetzt werden kann. Gehören zu dem zu übernehmenden Grundbesitz auch größere Forsten, so ist der längere Aufenthalt im Revier bei einem mit der Landwirthschaft etwas vertrauten Forstmann außerordentlich anzurathen. Danach werden Reisen, jedoch immer in der oben angedeuteten Beschränkung, einen trefflichen Schlußstein für die landwirthschaftliche Ausbildung abgeben.

Wir haben uns bei dieser Darstellung das höchste Ziel der gewerblichen Ausbildung gesteckt, und die Methoden angegeben, welche in regelmäßiger Entwickelung am einfachsten zum Ziele zu führen pflegen; natürlich richtet sich das Leben nicht nach einem Schema, und es ist über keine Lehrmethode der Stab gebrochen, weun sie nur erreicht, was wir wollen: die Ausbildung des Landwirthes zu einem Wirthschaftsdirigenten. Sie wird auf der zuletzt angegebenen Laufbahn selten vor dem dreißigsten Lebensjahre vollendet werden, und setzt ein viel bedeutenderes Vermögen und Anlagecapital voraus als die erstere Methode, welche durch Gehaltserwerb als Beamter, Beneficien zu Reisen und beim Besuch landwirthschaftlicher Academien die Kosten während der Ausbildung schon sehr vermindert.

## § 9.

### Das Beamtenpersonal.

Das Personal der Wirthschaftsbeamten ist nach Gegend, Sitte, Wivthschaftsmethode, Ansicht des Besitzers und Beschaffenheit des Gutes oder Gutscomplexes außerordentlich verschieden eingerichtet. Im Allgemeinen tritt die Erscheinung heraus, daß je höher die Cultur einer Gegend steht, desto weniger landwirthschaftliche Beamte vorhanden sind. In England ist ihre Zahl außerorrentlich klein. Die großen Grundbesitzer haben zwar ihre

Agents, doch sind dieselben in den meisten Fällen mehr Rendanten, Haushofmeister für die Einziehung der gesammten Einkünfte oder Controleurs der Pächter als eigentlich landwirthschaftliche Beamte, und als solche bewirthschaften sie etwa nur den home-farm des Herrn. Die Farmer wiederum haben höchstens einen Meier (steward), oft auch nur einen Vorarbeiter (foreman) zur Aushülfe auf ihrem Gute; kleinere Hülfen leisten Volontäre, wo solche vom Farmer angenommen werden. Dasselbe Verhältniß findet in Belgien Statt, wo es, bei in der Regel kleineren Gütern, auch ein ganz naturgemäßes ist. Im nördlichen Deutschland ist Holstein das Land, in welchem wir die wenigsten Beamten im Vergleich zu den Gutsarbeitern finden, während im Posenschen und Oberschlesien das Beamtenpersonal viel stärker vertreten ist. In Polen und Südrußland ist das numerische Verhältniß der Beamten noch größer, während die Ostseeprovinzen sich wiederum mehr an Deutschland anschließen. Wo die Arbeiter an viel Aufsicht gewöhnt sind, da müssen, wohl oder übel, auch viel Beamte gehalten werden, und wenn auch eine allmälige Umgestaltung dieser Mißverhältnisses erfolgen kann, so darf man doch nicht zu plötzlich vorgehen, ohne in der Wirthschaft Schaden zu leiden. Wo viele Pächter sind, ist die Zahl der Beamten, namentlich der oberen landwirthschaftlichen Beamten selbstredend gering, wie z. B. in der Uckermark. Am meisten entwickelt und gegliedert ist das Beamtenwesen, wo große Gutscomplexe auf Rechnung des Besitzers selbst von einem Centralpunkt aus bewirthschaftet werden, z. B. in Schlesien und in vielen Gegenden Oestreichs. Daß die Kosten einer derartig eingerichteten großartigen Verwaltung sehr erheblich sind, liegt auf der Hand, und der Schluß liegt nahe, daß eine zweckmäßige Verpachtung dieser großen Herrschaften an eine Anzahl von Pächtern sowohl dem Besitzer als den bei der Landwirthschaft beschäftigten Dirigentenkräften eine höhere Rente gewähren würde.

Was nun die einzelnen Beamtenstellungen unter dem Director anbetrifft, so nennen wir zuerst den Kassirer, auch wohl Rendanten genannt. Dieser steht im Honorar und Rang etwa gleich den später erwähnten Inspectoren. Es verlangt diese Stellung einen zwar mit dem Landbau im Allgemeinen vertrauten, doch nicht gerade practischen Landwirth, wohl aber muß derselbe geschickt sein, allerlei Correspondenzen zu führen und in dem Rechnungs- und Kassenwesen durchweg wohl bewandert sein. Er pflegt die Kassenverwaltung und die Verantwortung dafür ausschließlich unter sich zu haben, und leistet Zahlung gegen Anweisung des Dirigenten. Meistens ist ihm dann auch die Registratur übergeben, sowie die eigentliche Buchführung, welche dann weniger eine landwirthschaftliche als eine calculatorische, nach Art der bei den Staatsbehörden gebräuchlichen zu sein pflegt.

Hat ein Dirigent mehrere Güter zu verwalten, so muß er auf jedem einzelnen Gute einen mehr oder minder selbstständigen Beamten — Inspector — anstellen, der je nach den vorhandenen Baulichkeiten und der sonstigen Wirthschaftseinrichtung verheirathet ist oder nicht. Auch der Dirigent eines einzelnen Gutes, namentlich in dem Falle, daß er Besitzer ist, und also außer seiner Gutsverwaltung noch manche andere Obliegenheiten zu erfüllen hat, bedient sich gewöhnlich noch eines Inspectors, meist jungen unverheiratheten Mannes, zur Hülfe in der Wirthschaft. Das characteristische Kennzeichen des Inspectors ist das Reitpferd, ein Gegenstand, um welches willen viele derartige Verhältnisse geknüpft und gelöst werden, und welcher mehr Wichtigkeit in der Direction hat, als das baare Gehalt, Geschenke und Tantieme. Ob der Inspector sich sein Pferd auf eigene Rechnung halten solle, oder ob es ihm besser von der Wirthschaft zu stellen sei, sind vielfach discutirte Fragen, welche ihrer wissenschaftlichen und practischen Lösung noch lange harren werden. Das eigene Pferd wird leicht mehr geschont, als es der Wirthschaft gut ist, wenigstens als es dem Dirigenten gefällt. Auch nimmt es die Aufmerksamkeit des Beamten leicht über Gebühr, im Vergleich zur Wichtigkeit des Gegenstandes, in Anspruch. Pferdehandel ist außerdem eine der gefährlichsten Passionen für einen Landwirth, und in der Art dem Hazardspiel zu vergleichen. Wiederum wird das Wirthschaftsreitpferd leicht überanstrengt, wenigstens wird in solcher Ueberanstrengung gern der Grund gesucht, wenn ihm etwas zustößt. Ein Wettritt ist zuweilen nicht zu vermeiden; außerdem ist ein solches Pferd selten gut genug, zumal an den Markttagen. So bleibt die Frage unerledigt, ein jeder muß dieselbe für sich selbst lösen. — Das Gehalt eines Inspectors schwankt bei freier Station je nach seiner Amtsbefugniß von etwa 100 Thalern bis 250 Thalern. Eine Aussetzung von Tantieme findet hier fast niemals statt.

Die Befugnisse des Inspectors erstrecken sich nicht auf die Verantwortung für den Ertrag der ganzen Wirthschaft, sondern bewegen sich stets innerhalb eines ihm ertheilten Befehles für bestimmte Fälle, seien dies nun tägliche oder etwa wöchentliche Dispositionen. Welche Frucht auf einem Felde gebaut werden soll, und die Methode der Bestellung gehören nicht unter die Gegenstände seiner Bestimmung, sondern nur die richtige Ausführung der angeordneten Bestellung einer Feldfrucht. Desgleichen pflegt er Käufe und Verkäufe von Getreide und Vieh nur auf bestimmte Anweisung und gegen bestimmte Minima und Maxima des Preises auszuführen, auch selten Arbeiter oder Knechte auf seinen Kopf entlassen und annehmen zu dürfen. In all' diesem entscheidet natürlich die Persönlichkeit des Inspectors, namentlich das größere Vertrauen, welches er sich durch mehrjährige tüchtige Amtsführung bei seinem Principal erworben hat. Die Hauptsache, auf die es bei der Stellung des Inspectors ankommt, ist, außer dem schuldigen und willigen Gehorsam, das richtige Verständniß der Endzwecke des Dirigenten, in Folge dessen der Inspector schon die kleinste Operation dem ganzen Plane des Wirthschaftsganges anzupassen vermag. Es wird sich bei einem solchen beiderseitigen Entgegenkommen, namentlich wenn Seitens des unteren Beamten die gehörige zurückhaltende Bescheidenheit beobachtet wird, und derselbe sich damit begnügt, Vorschläge zu machen, nicht aber sie auch immer durchsetzen will, und über ihr Verweigern verdrießlich wird, im Verlauf längerer Zeit eine Art collegialischen Verhältnisses bilden, und weniger ein Befehl, als eine gemeinsame Berathung über auszuführende Arbeiten stattfinden, der ganzen Wirthschaft sehr zum Vortheil. Es muß hierbei von dem Dirigenten nicht außer Acht gelassen werden, daß bei allen landwirthschaftlichen Operationen und den so häufig dabei vorfallenden Unannehmlichkeiten mit den Arbeitern, der Inspector den ersten Stoß erhält und sich die Heftigkeit desselben also schon sehr gebrochen hat, ehe er den Dirigenten selbst betrifft, daß also auch in vieler Beziehung die Stellung des Inspectors eine Art Schutzwehr für den Dirigenten bildet, und somit der Letztere seine Kräfte nicht zur Bekämpfung jeder Widersetzlichkeit zu verwenden braucht, sondern zum Nachdenken über die Wirthschaft benutzen kann.

Wo das Reitpferd als Appertinenz der Stellung aufhört, da beginnen diejenigen Beamtengrade, welche auch in dem landwirthschaftlichen Betriebe als subalterne bezeichnet werden. Es sind die Oekonomen, Hofverwalter, Schreiber. Diese Posten dienen späteren Wirthschaftsdirigenten und Inspectoren als Durchgangspunkt, und bieten im Ganzen für den Mann von Schulbildung, der auch hierin seine Lehrzeit durchmachen muß, nicht viel Erfreuliches dar, so daß derselbe sich in der Regel bald hinaus sehnt. Wo sie als Zielpunkt landwirthschaftlicher Carriere gelten, da werden sie von tüchtigen Persönlichkeiten niedern Standes eingenommen, welche sich durch natürliche Begabung, Fleiß und Treue heraufgearbeitet haben. Solche, vielleicht in Ackerbauschulen vorgebildete und durch lange Praxis eingeübte Männer eignen sich ganz vorzüglich zu Verwaltern entlegener Vorwerke. Sie besitzen dort einen in ihrer Art behaglichen Wirkungskreis, welcher doch sehr schwer durch andere Personen, die bei mehr Bildung auch mehr Anspruch auf Lebens- und Geselligkeitsgenuß machen, ausgefüllt werden kann. Das Gehalt derartiger Stellungen geht in der Regel von 60 Thalern bis zu 100 oder 120 Thalern hinauf, nebst freier Station oder den nöthigen Deputaten an Fleisch, Getreide, Milch, u. s. w.

Es kommen nun in der landwirthschaftlichen Verwaltungssphäre, je nach den Zweigen einer Wirthschaft, noch eine Menge verschiedener Stellungen vor, welche den genannten coordinirt, zum Theil subordinirt sein können. So verlangen größere Privatforsten eine ähnlich gegliederte Forstverwaltung gleich den königlichen Revieren; kleinere Gutswaldungen werden wohl von einem Förster, welcher die Jagd unter sich hat und noch anderweitig zur Controlle in der Wirthschaft verwandt wird, unter unmittelbarer Leitung des Dirigenten beaufsichtigt. Werden technische Gewerbe in Verbindung mit der Landwirthschaft betrieben, so haben diese je nach ihrer Ausdehnung und Wichtigkeit besondere Directoren mit Unterbeamten, z. B. die Zuckerfabriken; immer aber technisch-kundige Verwalter, welche meistentheils unmittelbar unter dem Dirigenten stehen, sich aber mit den etwaigen Inspectoren in beständigen Rapport zu setzen haben, wie Brauer-, Brenner-, Zieglermeister, Kunstgärtner. Auch der Schafmeister pflegt, und dies bei Edelheerden unbedingt, eine Sonderstellung unmittelbar unter dem Dirigenten einzunehmen. Gehalt und Amtsbefugniß all' dieser Stellungen lassen sich nur nach dem jedesmaligen Locale der Wirthschaft bestimmen, richten sich auch vielfach nach Herkommen und Sitte eines Gutes und einer Gegend. Es ist sehr schwierig, einen einmal bestehenden Posten auf einem Gute eingehen zu lassen oder mit einem andern zu verschmelzen. Alle nachherigen Anordnungen werden alsdann, ob mit Recht, ob mit Unrecht, auf die stattgehabte Umänderung geschoben. Um einer solchen Umgestaltung der Wirthschaft willen, auch wenn sie an sich zweckmäßig ist, einen tüchtigen Beamten aus seinem Dienst zu entlassen, trägt selten gute Früchte; und auch bei vorkommenden Vacanzen bietet dieselbe noch Schwierigkeiten dar. Denn ungern übernimmt der Nachfolger bei demselben Gehalt mehr Functionen, und noch unlieber bei herabgesetztem Gehalt geringere Functionen, mit welchen auch sein Ansehen ihm zu sinken scheint. Und solche Beamte engagiren, welche froh sind, nur überhaupt eine Stellung zu erhalten, und die sich um dessentwillen gern allem fügen, ist doch nur ausnahmsweise anzurathen. Muß aber nach der festen Ansicht des Dirigenten eine solche Anordnung in den einzelnen Kreisen der Verwaltung eintreten, dann darf er bei eingeleiteter Umgestaltung auch nicht vor Beendigung derselben in seiner Ausdauer nachlassen, und sollte er selbst genöthigt sein, zeitweilig einen seiner unteren Beamten ganz und gar zu vertreten; ein tüchtiger Dirigent muß auch dazu jeden Augenblick befähigt und entschlossen sein, wenn er das Heft in Händen behalten will.

Noch ist die Stellung einer weiblichen Wirthschafterin zu erwähnen. Diejenigen Zweige der eigentlichen Gutswirthschaft, welche in der Regel weiblichen Händen anvertraut werden, sind die Molkerei, die Wartung der Schweine und des Federviehes für das Consum der Haushaltung, auch die Beköstigung des Gesindes. Zum Theil wird die obere Aufsicht hierüber in das Ressort der Frau des Dirigenten fallen, — namentlich auf demjenigen Gut, wo der Dirigent seinen Wohnsitz hat. Es wird aber eine Hausfrau, auch wenn sie Neigung und volle Befähigung für diese Wirthschaftszweige besitzt, doch niemals gut thun, sich bei der Besorgung des Details auf Dienstmädchen allein zu verlassen, sondern sich stets zweckmäßiger Weise einer Wirthschafterin (Schleusnerin) dabei bedienen. Derartige Persönlichkeiten sind aber selten zu finden, entweder fehlen ihnen die Kenntnisse und die Umsicht, oder, wenn sie diese besitzen, die Fügsamkeit in diejenigen Anordnungen, welche ihnen mißfallen; junge Personen sind oft leichtsinnig — alte eigensinnig. Um so mehr muß man eine tüchtige und rechtschaffene Wirthschafterin nicht durch Gleichgültigkeit gegen die zuweilen kleinlich erscheinenden Bedürfnisse ihres Ressorts mißmüthig machen, sie auch durch ein gutes Gehalt und Erleichterung ihrer oftmals sehr schwierigen Stellung den Leuten und Beamten gegenüber, festzuhalten suchen.

Die übrigen noch weiter untergeordneten Aufsichtsstellungen in dem landwirthschaftlichen Betriebe werden wir, als meistens aus dem Arbeiterstande hervorgehende, in dem Abschnitt über die Tagelöhner näher berühren.

## § 10.

### Das Loos des Beamten.

Wenn ich in dem vorigen Paragraphen die Wichtigkeit und geregelte Gliederung des landwirthschaftlichen Beamtenstandes nach

nach außen hin darzustellen versucht habe, so sei es mir jetzt gestattet, das Bild auch nach der inneren Seite mit Berücksichtigung der Person des Beamten, nicht seiner Stellung allein, aufzurollen.

Daß es ein glückliches Loos für den Beamten ist, Dirigent eines großen Gutes oder gar Gutscomplexes zu sein, zu gebieten über viele Untergebene als ein fast unumschränkter, nur durch das Gewissen seinem Oberherrn gegenüber gebundener Machthaber, einen herrschaftlichen Haushalt, eine dergleichen Geselligkeit zu führen, und sich eines Comforts zu erfreuen, den viele Besitzer sich versagen müssen — wer wollte es leugnen? Und daß eine solche Stellung auch kein unerreichbares Ziel ist für den weniger bemittelten, tüchtigen Beamten, hat die Erfahrung vielfach bewiesen und beweist es noch heut. Aber im Ganzen, wie selten sind solche Stellungen! Die officielle Statistik hat sich noch nicht so weit erstreckt, auch hierin Data an die Hand zu geben, und doch ist eine genaue Statistik auch hierüber in der Wirklichkeit unter den Beamten vorhanden, wie man aus den vielen Meldungen nur bei dem Gerücht der Vacanz einer derartigen Stellung ersieht. Es sind in der jetzigen Zeit wohl wenig Fächer des Gewerbes so überfüllt als dasjenige der landwirthschaftlichen Beamten, und wie gering ist die Zahl unter ihnen, welche so glücklich sind, den eigentlichen Zweck ihres Arbeitens: die Selbstständigkeit, verbunden mit auskömmlichem Leben, auch nur einigermaßen in ihrem Stande zu erreichen! — „Dem ist nicht abzuhelfen, warum werden sie ohne Mittel Landwirthe!“ Das ist freilich ein richtiger Einwand, aber den Einzelnen trifft's darum doch nicht minder hart. Sehen wir uns in andern Zweigen der bürgerlichen Thätigkeit um: oft ein kümmerliches Leben, aber doch ein Avancement, wenigstens eine Aussicht dazu, und eine schließliche Hoffnung einer, wenn auch bescheidenen, doch behaglichen Häuslichkeit. Im Vergleich zu andern Nahrungszweigen bietet die Landwirthschaft freilich oft eine anziehende Außenseite in der Stellung; das Befehlen, das sich Bedienen lassen, hat einen großen Reiz, und unwillkürlich freut sich das Herz des Menschen in diesem Gefühle; auch dem Fremden erscheint in diesem Kleide die Stellung des landwirthschaftlichen Beamten leicht beneidenswerth. Aber je höher der Glanz, desto tiefer der Fall, der Fall vor der Welt und in dem eigenen Gefühle. Mitten in dem Bewußtsein, daß so und so viel Tagelöhner sich bücken, daß selbst der Herr sich nicht mehr erlaubt, in die Verwaltung einzugreifen, trifft den Beamten der Brief der Kündigung zum nächsten Termin. „Er wurde mir zu hochmüthig“ ist der vertraulich geäußerte Grund — leider oft der wirkliche und gerechte Grund. Nun, in welches Menschen Herz fände nicht der Hochmuth Eingang, wenn Andere sich vor ihm demüthigen? die Reue kommt dann zu spät, die Stelle ist bereits besetzt. Oft wirkt ein solcher Schlag gut, der Hochmuth weicht und die Thätigkeit bleibt, oft aber erbittert er und verhärtet das Gemüth noch mehr, zumal wenn das Bewußtsein treuer Pflichterfüllung in dem Interesse des Herrn vorhanden ist, und diese Treue keinen Dank empfangen hat. Der Beamte ohne Stellung, sei er entlassen mit Recht oder Unrecht, habe er sie freiwillig aufgegeben aus Unlust daran oder wegen erlittener Kränkung — der Beamte ohne Amt ist stets in einer üblen Lage. Wer eine Stellung inne hat, kann von dieser aus sich unendlich viel leichter mit Erfolg um eine bessere bewerben, als der Stellenlose darauf rechnen darf, einen gleichen Posten, wie der verlassene, wieder zu erhalten.

Dieses Loos des Stellenwechsels findet freilich bei denjenigen Beamten, welche so glücklich sind, durch ihre Thätigkeit eine Dirigentenstelle zu erlangen, im Ganzen sehr selten statt; um so häufiger aber bei Stellungen, wie die der Inspectoren und Oekonomen. Wenn nun die Jugend den Wechsel auch liebt, und sogar die Zeit des sogenannten „Brachliegens“ leichter ausfüllt und überwindet, so dauert dies doch nur bis zu einem bestimmten Lebensalter. Tritt dann eine längere unfreiwillige Pause in der Amtsthätigkeit ein, wo der Geist zum Studium nicht mehr lebhaft genug, die äußeren Mittel dazu vielleicht fehlen, die Gewohnheit der Praxis auch dem Character ein gewisses Phlegma gegeben hat — so geht es mit einem solchen Oekonomen entschieden rückwärts in seiner Lebensstellung. So lange noch keine Lebensnoth vorhanden ist, werden geringere Stellungen wohl noch mit einem gewissen Stolz verweigert, wenn aber erst die Sorge um das tägliche Brot, namentlich wo Frau und Kinder zu ernähren sind, eintritt, dann pflegt ein jedes Unterkommen, so ärmlich es sei, dem umhergeschlagenen Beamten erwünscht zu sein. Es fürchtet sich wohl mancher Besitzer, einen solchen Oekonomen anzunehmen, weil die Vermuthung nahe liegt, daß derselbe an seinem Unglück selbst eine große Schuld trage; oft aber sind gerade diese Beamten, denen es an Kenntnissen früher auch nicht gemangelt hat, welche aber durch die Noth des Lebens in ihrem Character durchgebildet worden sind, besonders tüchtig und brauchbar; denn sie haben gegen den Prinzipal Gehorsam, und gegen den Tagelöhner ein herzliches Mitgefühl gelernt, und wissen doch dabei, was sie vom Arbeiter verlangen können, so daß sie nicht schwächlich gegen denselben sind. Aber auch der tüchtige, weniger bemittelte, nicht cautionsfähige und ohne Connexion dastehende Inspector kommt vielfach nicht zur Erlangung einer auskömmlichen einigermaßen sicheren Stellung, zur Gründung eines Hausstandes; und wie oft kehrt der gereifte Mann, oft durch herbe Erfahrungen auch innerlich erbittert, dem Landbau den Rücken, und wendet anderen Berufsthätigkeiten in Büreaus, Fabriken, Eisenbahnen, wenn es noch angeht auch dem subalternen Staatsdienst seine Thätigkeit zu, und gelangt bei seiner Lebenserfahrung und Energie oft schnell zu einer behaglichen Lebensstellung. Wie oft auch verlassen kräftige Naturen ihr Vaterland, dem sie wohl hätten mögen erhalten werden, und tragen ihre Arbeitsfähigkeit und Kenntnisse als Auswanderer in ein fremdes Land, zuweilen um zu Grunde zu gehen, zuweilen aber auch mit unglaublichem Erfolge.

Die Data, welche ich bei diesen Reflexionen zu Grunde gelegt habe, sind aus Thatsachen entnommen, ich habe das Bild nicht zu finster gezeichnet, ja, die Erscheinung der wandernden und bettelnden Oeconomen redet oft noch lauter von dem Elende, welches sich vielfach unter diesem Stande findet. — Wie abhelfen? — Des Beste ist durch nicht zu voreilige Bestimmung eines Individuums zur Landwirthschaft, dann aber durch tüchtige landwirthschaftliche Erziehung, mit welcher bei dem Lehrling die moralische Hand in Hand gehen muß. Es neigt sich auch das Zeitalter schon mehr zu diesen Maximen, aber ihre Segnungen werden erst den kommenden Generationen zu gute kommen. Was ist für die Gegenwart zu thun? Es giebt zwar Sparkassen und Versicherungsbüreaus genug, und sie bieten namentlich bei Todesfällen für die Hinterbliebenen eine Rettung aus der Noth, und auch für die Lebenden ist durch Rentenversicherungen gesorgt. Aber zu all' diesen Einkäufen gehört Capital, und wo sollen bei einem landwirthschaftlichen Beamten von seinem geringen Gehalte die Ersparnisse herkommen, sich zu versichern? und wenn es wiederum nur seine Ersparnisse sind, die er mit geringen Zinsen und mancherlei Umständlichkeiten zurück empfängt, so reichen sie für den Fall der Noth auch nicht lange. Gerade in der Zeit der Brotlosigkeit treten erhöhte Ausgaben ein, durch Nahrungs- und Wohnungssorge, durch Honorare an Commissionäre, welche Stellen nachweisen, und gerade dann mangelt es am meisten an Mitteln. Hier ist die recht eigentliche Stelle für Assecuranzvereine der Beamten unter einander gegen Brotlosigkeit. Es haben sich deren auch factisch schon gebildet, analog denen anderer Corporationen, und haben in ihren Kreisen auch Segnungen getragen, indem der Verein einzelnen Mitgliedern durch namhafte Unterstützungen über die Zeit der Noth hinweghalf, ihnen auch als Gesammtpersönlichkeit zur Erlangung einer anderweitigen Stellung behülflich war. Ein derartiger Verein, welchem ich mehrere Jahre vorgestanden habe, hat es durchgesetzt, fast jedem Mitgliede, welches der Unterstützung in einer stellenlosen Zeit bedürftig war, denjenigen Beitrag als monatliche Beihülfe zu zahlen, welchen dasselbe als Jahresbeitrag zur Kasse gezahlt hatte. Natürlich findet eine ziemlich strenge gegenseitige Controlle der einzelnen Vereinsmitglieder unter einander statt, sowohl durch die Erschwerung der Aufnahme, als auch zuweilen durch Verweigerung der Unterstützung, ja sogar durch Ausschluß aus dem Verein. Es fällt somit auch der Vorwurf fort, welchen man solchen Vereinen gemacht hat, daß sie den Hochmuth der Beamten nur nährten, ein derartiger Verein würde in sich selbst bald zu Grunde gehen. Möchte aber nur das Eine durch solche Vereine gefördert werden, die Abwehr der wirklichen Noth, die Gründung einer corporativen Genossenschaft und somit weiteren sittlichen Hebung des Beamtenstandes und Sicherung des Looses der einzelnen Beamten!

Anmerkung. Vorstehendes war im November vorigen Jahres niedergeschrieben. Inzwischen hat sich in Schlesien ein Beamten-Hülfsverein gebildet, welcher sich noch mehr wie der schon länger bestehende Ostpreußische der regsten Theilnahme fast aller Grundbesitzer erfreut, und es scheint, daß dieser Verein die Aufgabe der Beamtenversorgung in einer so vollkommenen Weise lösen wird, wie es im Interesse der Sache nur gewünscht werden kann. Der brandenburgische Verein hat aus Mangel an Theilnahme Seitens der Grundbesitzer und auch aus Lauheit Seitens der Beamten trotz vieler Anstrengungen, welche vom Vorstande gemacht wurden, bisher doch nur eine geringe Ausdehnung gewinnen können.

## § 11.

### Meier, Tagelöhner und Gesinde.

Tüchtige Beamte sind zwar gute Triebfedern einer Wirthschaft, doch sind sie eben nur Mittel zum Zweck, um die eigentlichen arbeitenden Kräfte zu dirigiren, nämlich die Tagelöhner, das Gesinde und ihre Specialaufseher und Vorarbeiter: Meier, Voigte, Kämmerer. Der Meier ist in England die unentbehrlichste Person auf jedem größeren Gute, von ihm lernt der Farmer selbst die üblichen Gebräuche der Gegend, in welcher er eine Pachtung übernimmt, Arbeitszeit und die Lohnsätze der Tagelöhner, ihre Beneficien, Personalien, Fähigkeiten zu diesem oder jenem Geschäft, die Bonitur des Ackerbodens, namentlich seine mehr verborgenen Fehler und Tücken. Auch bei uns sind die Meier, wenn sie durch längere Dienstzeit und Treue an die Gutsherrschaft geknüpft sind, so zu sagen die Lexica des Gutes. Sie wissen die Gewohnheiten bei allen Operationen, kennen die Geschäfte jedes einzelnen Punktes auf Hof und Feld von der Zeit des Großvaters durch vielmaliges Erzählenhören, sind mit den

Gutsleuten aufgewachsen, und regieren ohne alles äußere Beiwerk durch das bloße Herkommen: „dat mut so sin." Einsichtsvolle Wirthschaftsdirigenten legen auch einen hohen Werth auf einen solchen Meier, und betrachten ihn als einen Schatz des Gutes, erleichtern ihm seine Stellung so viel als möglich, tragen auch gern seinen Eigensinn, zumal da derselbe nie in Opposition ausarten wird, sondern nur mit der Mütze in der Hand als ein immer von Neuem wiederholter Vorschlag hervortritt. Eine Anordnung, welche man einem Oekonomen ertheilt, verschwindet auch mit diesem von dem Gute, eine dem Meier als Gutsangehörigen gegebene, bleibt fest. — Ist ein Inspector oder Oeconom in der Wirthschaft angestellt, so steht allerdings der Meier unter demselben, und hat ihm den schuldigen Gehorsam zu leisten. Viele Dirigenten aber ziehen es vor, in der Praxis nur mit direct unter ihnen stehenden Meiern zu wirthschaften und halten sich höchstens für Schreibereien, falls deren viel vorkommen, einen Sekretär oder Rechnungsführer. Buchführung und Geldrechnung freilich muß man von einem Meier nicht verlangen. Man kann ihm gern viel tausend Scheffel Korn anvertrauen, er wird auf's Genaueste Rechnung legen, aber hundert Thaler baares Geld zu verrechnen gehören für ihn zu einer vollen Unmöglichkeit, so daß er in Angst geräth, wenn es ihm nur zugemuthet wird. Die Buchführung des Meiers muß der Kerbstock sein, und man muß ihm da nicht Verbesserungen aufdrängen — er hält es doch nicht dafür, sondern ihn ganz ruhig seinen Weg gehen und sich täglich oder wöchentlich alles mündlich von ihm angeben lassen und selbst in's Buch eintragen. In seinen Verkehr mit den Arbeitern muß man sich nicht viel mischen, wenn nur schließlich alles den richtigen Gang geht. Ein Wort, welches für das Ohr eines Gebildeten höchst unzart erscheint, ist bei Personen dieser Klasse oft eine vertrauliche Anrede, und wenn nur Scandal, oder wirkliche, auch bei den Leuten dafür geltende Schimpfreden untersagt werden, so muß man dem eigenthümlichen Dialege seine gewohnte Weise lassen. Uebrigens ist die Besoldung eines solchen Meiers trotz seines niederen Standes keineswegs billiger, sondern im Gegentheil kostspieliger als die eines Oekonomen. Wenn anders ein Meier nicht in Versuchung gerathen soll, diese oder jene „Kleinigkeit" des ihm anvertrauten großen Werthes für sich zu nutzen — und dies darf man durchaus nicht gestatten, es überschreitet zu leicht die Grenzen — so muß er ein gutes, für seinen Stand recht auskömmliches Gehalt empfangen. Baares Geld ist hier weniger zu empfehlen, als Naturalien, und diese werden wiederum zweckmäßiger als Producte: allerlei Korn, namentlich auch Erbsen und Buchwaizen, Kartoffeln, Milch, Butter, Eier, Holz, als in Form von Land und Vieh, gegeben. Letzteres vergrößert die eigene Wirthschaft des Meiers, und er verwendet leicht eine zu große Sorgfalt darauf, welche seine hoch auszunutzenden Kräfte dem Gute entzieht. Die Mastung einiger Schweine wird man indeß stets schon zur Benutzung der Tischabfälle gestatten müssen. Bestimmte Zahlen lassen sich hier schwer angeben, aber verglichen gegen den Lohn und die Deputate der Tagelöhner, muß der Meier sich in der Regel um die Hälfte bis zum Doppelten höher stehen, als eine Tagelöhnerfamilie, nach der Summe seines ganzen Einkommens.

Die Tagelöhner und das Gesinde bilden für uns an dieser Stelle nicht sowohl producirende Elemente der Gutswirthschaft, als vielmehr Personen im Gebiete der Direction, und wollen wir ihre äußere Stellung in dieser Beziehung kurz berühren. Die Tagelöhner arbeiten gewöhnlich gegen bestimmte Lohn- und Accordsätze, Jahr aus Jahr ein nur auf dem Gute, zu welchem sie gehören. Eine Haupteinnahme aber, welche die schwankenden Preise des Getreides und der übrigen Nahrungsmittel ausgleicht, bildet das entweder fixirte jährliche Deputat an Korn oder die Quote, um welche sie als Antheil dreschen. In manchen Gegenden haben die Tagelöhner bei geringerem Geldlohn ihre Kuh in freiem Futter, haben auch ihr eigenes Pferd, welches sie etwa bei der Dreschmaschine stellen, doch sind so ausgedehnte eigene Wirthschaften der Tagelöhner nur bei großer Ordnungsliebe derselben zweckentsprechend, und beschäftigen die Arbeitskräfte der Tagelöhnerfamilie doch oft so stark und so zur Unzeit, daß für die

Wirthschaft manche Unbequemlichkeit erwächst. Namentlich pflegen Frauenkräfte dann öfter zu mangeln, und die pflichtmäßig zu stellenden Mädchen sind leicht schwächlich und ungeübt zur Arbeit. In England sind schon seit langer Zeit alle Emolumente in baares Geld oder noch zweckmäßiger in reines Getreidedeputat umgewandelt, und auch bei uns geschieht dies allmälig in immer weiteren Kreisen. — Je einfacher die Abrechnung zwischen Herr und Arbeiter, desto weniger können Versehen darin vorfallen und deshalb ist eine wöchentliche Löhnung der Tagelöhner immer einer vierzehntägigen oder gar jährlichen Abrechnung vorzuziehen. Das Mißtrauen der Arbeiter, und unter ihnen namentlich der Frauen, daß ihnen Unrecht geschehe, greift bei ihnen um so mehr um sich, je weniger sie mit ihren Geisteskräften die Rechnung zu übersehen vermögen.

Es werden die Bruttokosten einer Tagelöhnerfamilie, alle Emolumente zu Gelde gerechnet, inclusive des Tagelohnes, selten unter achtzig bis hundert Scheffel Roggen zu stehen kommen, und nur durch die Verschiedenheit des Preises der Naturalien erklärt sich der oft so auffallende Unterschied im Geldlohn. Auf welche Weise aber die Lohnsätze am besten zu fixiren sind, so daß dadurch nicht nur der Tagelöhner am billigsten ernährt wird, sondern auch zu größtmöglicher Thätigkeit, Sparsamkeit und Treue angespornt werde, das ist ausschließlich Sache jeder Localität. Verhältnisse, wie diejenigen der Frohndienste, sind, wenn auch der Vorzeit angemessen, doch jetzt als der Cultur und Moralität nachtheilig schon so allgemein anerkannt, auch in den Gegenden, wo dieselben noch bestehen, daß allmälig die Ablösung und Regulirung derselben ganz vollzogen werden wird, und wir erwähnen ihrer hier deshalb nicht weiter.

Bei allen sonstigen Einrichtungen in der Stellung der Tagelöhner ist wohl keine so wichtig, als diejenige, wodurch sich England in so hohem Maße auszeichnet, nämlich daß dem Tagelöhner die Möglichkeit geboten werde, außer seiner Arbeitszeit ein unabhängiges, ungestörtes Leben mit seiner Familie zu führen. Dazu gehört an Außendingen vor allem eine demgemäße Einrichtung der Tagelöhnerhäuser, daß es ihnen in ihren vier Wänden behaglich werde, und der Krug nicht mehr Anziehungskraft für sie habe als das Wohnhaus. Traurig sieht es in dieser Beziehung noch in manchen Gegenden unseres Vaterlandes aus, wo der Tagelöhner in Schmutz, Unordnung und Branntweingenuß ein jammervolles Leben führt, und wobei nur zu bewundern ist, wie viel ein Mensch aushalten kann, ehe er zu Grunde geht, und wie es möglich ist, daß wiederum eine Generation Menschen in solchem Elende aufzuwachsen vermöge. Je weniger der Tagelöhner sich selbst als eine bloße Maschine, die abwechselnd arbeiten muß und genießen kann, ansieht, je mehr er an einer geordneten Häuslichkeit Gefallen und Freude findet, desto tüchtiger werden auch für den practischen Wirthschaftsbetrieb seine Leistungen sein.

Das Gesinde — Knechte und Mägde — pflegt jetzt meistentheils auf ein baares Geldlohn, ohne weitere Emolumente gestellt zu sein; die Beköstigung desselben wird entweder ganz aus der Wirthschaftsküche besorgt, oder bei den Knechten gegen ein bestimmtes Deputat an den Meier, verheiratheten Großknecht, oder auch an Tagelöhner ausgegeben. Die Beköstigung der Knechte von der Hofküche aus kommt im Allgemeinen am billigsten zu stehn, indeß hat sie manche Schwierigkeiten, ja sie ist gänzlich zu widerrathen, wenn kein verheiratheter Inspector auf dem Gute wohnt, sondern der Haushalt des Dirigenten der einzige ist. Ein herrschaftlicher Haushalt richtet sich selbst bei redlicher Absicht doch nie ganz nach der Wirthschaft, sondern mehr nach geselligen Beziehungen, und deshalb ist es fast unmöglich, auch die in der Wirthschaft erforderliche Pünktlichkeit immer zu beobachten, wenigstens wird sie nur durch viele Unruhe und oftmalige Uebertreibung der Dienstboten erreicht. Es wird daher bei einem solchen Haushalt die Beköstigung besser vom Meier, der bezüglich seiner Zeit ausschließlich mit und in der Wirthschaft lebt, besorgt werden, nur der Haushalt eines verheiratheten Inspectors, welcher ohne allen herrschaftlichen Zuschnitt ist, würde sich ebenfalls dazu eignen. Außer dieser Zeitschwierigkeit kommt noch eine sachliche hinzu, nämlich die kleinen Reibungen zwischen Wirthschafterin und Knechten wegen des Essens, welche oft zu großen Verdrießlichkeiten ausarten, bei denen dann schließlich alle Theile Unrecht haben. Die Frau des Meiers aber oder Großknechts steht gewissermaßen als Familienmutter den Knechten gegenüber, und weiß daher ihre Autoriät leichter und energischer zu behaupten; auch wird dadurch den unverheiratheten Knechten ein gewisser Familienanschluß, namentlich in den Winterabenden geboten, welche sie in der allgemeinen Gesindestube einer größeren Wirthschaft nicht finden, und welcher ihnen doch bei der geringen Politur ihres Wesens recht nöthig ist. Eine Speiseordnung wird freilich der Meierfrau vorgeschrieben werden, und von Zeit zu Zeit auch eine gelegentliche Controlle angestellt werden müssen, ob die Knechte „ihre Ordnung haben," und nicht etwa durch Drohungen oder anderweite unerlaubte Vergünstigungen zum Schweigen gebracht werden. Die Beköstigung der in technischen Gewerben, wie z. B. Brennereien angestellten Knechte pflegt der Brennermeister unter sich zu haben, desgleichen der Schafmeister die der Schäferknechte. Die Löhnungen der Knechte und auch der Mägde sind je nach der Nähe oder Entfernung größerer Städte, welche für unverheirathete Personen leider eine große Anziehungskraft besitzen, sehr verschieden, alles zu Gelde gerechnet, wird nach jetzigen Getreidepreisen ein Knecht selten für weniger als 120 Thaler und eine Magd für weniger als 80 Thaler erhalten werden können. Wir finden hierüber in des Grafen von Podewills „Wirthschaftserfahrungen" vortreffliche, mit wunderbarer Genauigkeit geführte Berechnungen, welche, mit Zugrundelegung der jetzigen Marktpreise des Getreides, und Berücksichtigung der etwas verwöhnteren Haltung des Gesindes noch heut zu Tage maßgebend siind. An vielen Orten zieht man es vor nur verheirathete Knechte zu halten, welche dann gleich Deputatisten gestellt sind, und welche in der Regel eine weit größere Zuverlässigkeit bieten als die unverheiratheten. Bei Trennung des Gespannes zu Arbeiten, wie z. B. Pflügen, wird dann ein junger Bursche — sogenannter Enke — dem eigentlichen Knecht zur Seite gestellt, oder die Pferde arbeiten im Wechsel. In England, wie auch bei uns an einigen Orten, vermeidet man die Haltung der Pferdeknechte dadurch fast ganz, daß man für die Gesammtpferde einen Futterer anstellt, und die Arbeit mit den Gespannen durch Tagelöhner verrichten läßt, eine Methode, welche in der Regel von einer weit exacteren Arbeitsvollführung begleitet zu werden pflegt.

## § 12.

### Das Regiment.

Nachdem wir nunmehr die besondern Personen, sowohl Subjecte als Objecte der Direction in ihren Einzelstellungen durchgegangen sind, bleibt uns noch übrig die Organisation in der Leitung dieses ganzen Systems von über- und untergeordneten Gliedern zu betrachten. Wir nennen diese Organisation: das Regiment. Regiment verlangt zuerst einen Herrscher, den wir hier in der Person des Wirthschaftsdirigenten vor uns haben, demnächst Objecte der Beherrschung, welche hier nicht in eine Menge coordinirter Einzelwesen zerfallen, sondern wesentlich nach Abstufung und Rang gegliedert sind. Regiment darf auch nicht eine einseitige Thätigkeitsäußerung der Oberen gegen die Untergebenen sein, sondern verlangt ein Entgegenkommen Seitens des Untergebenen durch freiwilliges Befolgen des von Amtes wegen ertheilten Befehles. Das Princip, auf welchem das Regiment beruht, ja ohne welches überhaupt kein Regiment gedacht werden kann, ist nicht das Belieben eines Einzelnen, auch nicht des Herrschenden, nach jenem beklagenswerthen Wort: car tel est notre plaisir, sondern es ist die Autorität, das Recht des Amtes, und zugleich die Pflicht des Amtes. Das Recht des Stärkeren oder der Stärkeren (Mehrzahl, Majorität) ist gewiß in keiner staatlichen Thätigkeit, keinem Gewerbe keiner Corporation, ein sittlich begründetes, auch nicht practisch durchführbares; wenn auch in einem civilisirten Volke die Nachtheile desselben abgewandt werden durch eine gegliederte Ordnung der socialen Verhältnisse, eine kräftige Polizei, und vor allem die unwiderstehliche Macht und Gewalt der Wahrheit, welche sich weder nach Majorität noch

Minorität richtet, sondern ihren eignen Weg geht. Namentlich aber muß sich das ländliche Regiment in seiner einfachen und natürlichen Gliederung auf das unantastbare Princip der Autorität gründen. Die äußere Erscheinungsform der Autorität ist in Bezug des Regimentes die Subordination. Subordination von oben nach unten durch Befehl, und von unten nach oben durch Gehorsam. Das oberste Glied in dieser befehlenden und gehorchenden Reihe ist hier stets der Dirigent der Wirthschaft, da wir seine etwaige Unterordnung unter eine Oberherrschaft (Staat, Behörde, Corporation, Besitzer,) schon früher bei Begrenzung seiner Stellung in's Auge gefaßt haben. Wie eine richtige Unterordnung nur da Statt haben wird, wo in dem Herrschenden auch das volle Bewußtsein seiner übergeordneten Stellung vorhanden ist, so ist auch für jedes Glied der Direction das Bewußtsein der Macht, welche das Amt nach unten hin giebt, erforderlich. Aber es ist auch nothwendig, daß der Mensch sich bewußt werde, daß er nicht als solcher, etwa wegen seiner persönlichen Begabung, Bedeutendheit, Kraft herrsche, sondern daß er eben nur der Verweser eines Amtes sei, welches ihm seine Machtstellung anweist. Deshalb muß jeder Obere es auch viel strenger ahnden, wenn gegen die Sache und Ordnung gefehlt wird, als wenn er nur persönlich durch Trotz, Widerspruch, Ungehorsam oder dergleichen betroffen wird. Leider ist dieses bei den wenigsten Malen der Fall, und in der Regel wird ein persönliches Unrecht viel schärfer aufgefaßt und gestraft, als ein gegen die Sache begangenes — ja leider wird die Sache, das Interesse der Wirthschaft, oft hintenangesetzt und sogar verletzt, um irgend einer Personalie willen. Das volle Bewußtsein aber, Haushalter über ein anvertrautes Gut oder Amt im Dienst der ganzen Wirthschaft zu sein, und wenn nicht Anderen, doch vor dem eigenen Gewissen sich selbst ehrliche Rechenschaft über die Führung geben zu müssen, wird einestheils vor persönlicher Härte und Schlaffheit, welche beide gleich verderblich wirken, als auch anderseits vor amtlicher Ueberschätzung und Rigorosität in der pedantischen Handhabung des Speciellen bewahren, insofern der

Werth des einzelnen Gegenstandes nur nach der Wichtigkeit seines Dienstes zum Ganzen geschätzt werden wird. Dieses Bewußtsein des Obergeordneten ruft auch unwillkürlich ein gleiches Bewußtsein der Abhängigkeit bei dem Untergebenen hervor. Es ist diese Abhängigkeit und das Gefühl derselben keineswegs mit Unterwürfigkeit zu verwechseln, ja es sind dies zwei volle Gegensätze. Die Unterwürfigkeit, wie dieselbe manchen Stämmen der Bevölkerung durch Geberden wie Kleider küssen und dgl. eigen ist, hat für den freien Mann von Bildung und für den Christen etwas Empörendes, und er fügt sich diesen Sitten nur, weil eine Opposition dagegen von der Masse nicht verstanden, und derselben daher mehr schaden als nützen würde. Die Unterwürfigkeit geht Hand in Hand mit Heuchelei und allen derselben verschwisterten Lastern, Diebstahl, Veruntreuung, Lüge, Augendienerei und all' jenen von einem kräftigen Dirigenten wie das Feuer zu hassenden Sünden. Die absichtliche Unterordnung aber, selbst bis zum pedantischen Gehorsam, unter einen von dem Oberen gegebenen Befehl ist ein Act der Freiheit, denn sie ist eben eine freiwillige, sollte es wenigstens in allen Fällen sein! Ein gegen einen Meier mehrfach widerspenstiger Knecht wurde einst gefragt: „Siehst du nicht ein, daß du deinem Vorgesetzten gehorchen mußt?" „Ja! aber...." „Nun, dann sei doch nicht so dumm und laß dich nicht erst zwingen, sondern thu' es freiwillig," und das freiwillige Gehorchen gelang ihm fortan besser, als alle Strafe es zu erreichen vermocht hatte. Ein richtiges Regiment sehen wir also bei aller Strenge doch mit der Freiheit der Person zusammenfallen, d. h. freilich nur, insofern Rechtschaffenheit und Treue die Beweggründe des Handelns sind, denn alle unlautern Beweggründe machen jeden Menschen, auch den am unbeschränktest dastehenden zum Sklaven, zuvörderst nur seiner Laune, demnächst aber auch aller der schlauen Untergebenen, welche seine Laune und Schwäche (denn Heftigkeit ist auch Schwäche) zu benutzen verstehen.

Suchen wir nach Analogien, so ist das militärische Regiment dasjenige, welches in seiner Organisation dem der Landwirthschaft am nächsten kommt, jedoch wird ein wesentlicher Unterschied zwischen beiden stets darin bestehen, daß das militärische Regiment durch das Commando geschieht, während das landwirthschaftliche sich der Form der Anordnung bedient. Wie sich Commando und Anordnung nach ihrem üblichen, nicht weiter logisch zu erörtern nöthigen, Begriffe zu einander verhalten, so diese beiden Arten des Regimentes. Deshalb sehen wir auch bei allen sehr wichtigen, in Eile und bei Gefahr im Verzuge auszuführenden landwirthschaftlichen Arbeiten den Befehl sich immer mehr dem Commando nähern, z. B. bei plötzlich eintretendem Unwetter, Unfällen mit Menschen und Vieh, Feuersgefahr oder dergleichen, während dies im gewöhnlichen Wirthschaftsgange ein Fehler sein würde; in welchen aber untergeordnete Oeconomen häufig den Leuten gegenüber verfallen, wo denn diese sich beim Herrn beklagen „er commandirt uns." Wie bei der militärischen Disciplin die möglichst schnelle und exacte Ausführung des strengen Commandos das Mittel ist zur Erreichung des beabsichtigten Zweckes, so ist dies bei der Direction der Wirthschaft ein Jahr aus Jahr ein regelmäßiger, gemessener, fester Tact, hervorgerufen durch eine gewisse Ruhe und Kürze der Anordnung.

Was nun den Gang des Befehles betrifft, so ist die Beachtung dieses Ganges oft das wesentlichste Moment in der Wirthschaftsdirection. Eine übergangene Rangstufe kann der Wirthschaft leicht mehr Nachtheil bringen, als durch späteres Einlenken wieder aufgewogen werden kann. Es sind dies die eigentlichen „Directionsfehler," in welche angehende Landwirthe, die vielleicht gleich mit der Stellung in einem höheren Wirkungskreise, z. B. durch Gutsübernahme, beginnen müssen, am häufigsten verfallen. Meistentheils ist der Grund davon nicht Herrschsucht, sondern im Gegentheil eine gewisse Aengstlichkeit und Besorgniß, daß aus dieser oder jener Operation leicht Schaden geschehen könne, wenn sie nicht sofort geändert werde, auch eine gewisse zu große Gemüthlichkeit und Harmlosigkeit in dem noch ungewohnten Verkehr mit Beamten und Landleuten. Gewöhnt sich der Dirigent erst daran, stets unmittelbar bei den Arbeiten einzugreifen und den Befehl direct an die Arbeiter zu ertheilen, während doch noch Zwischenbeamte vorhanden sind, denen die Operation übergeben ist, so wird er bald dahin gedrängt sein, daß er selbst sein eigener Oeconom ist, weil er erstlich keinen tüchtigen Beamten bei sich festhält, anderntheils die Tagelöhner bald eine solche ihnen bequeme Schwerhörigkeit bekommen, daß sie den Beamten innerlich verlachen und gewissermaßen verlangen, der Herr selbst solle ihnen befehlen. Ist der Wirkungskreis eines Dirigenten auf ein Gut beschränkt und widmet er diesem seine ganze Zeit — aber auch mit Aufgabe mancher geselligen Abhaltungen — so wird ein unmittelbares Verhältniß zwischen Herr und Arbeiter zuweilen ein vortreffliches sein, insofern ungeschickte Unterbeamte oft dem Dirigenten mehr Mühe machen, als die gesammten Tagelöhner; das aber bleibt doch feststehen, daß, wenn Stufen vorhanden sind, keine derselben, wenigstens nur in dringenden Fällen, übergangen werden darf. Oft kostet dieses zwar eine große Entsagung, welche allerdings wohl als guter Vorsatz in dem Gemüth des Dirigenten meistens vorhanden ist, im Moment der Entscheidung aber, namentlich bei energischen Naturen, sehr schwer bewahrt wird; es gelten dann fast alle Fälle für dringend und rechtfertigen die Ausnahme.

Wenn den Beamten gegenüber Entschiedenheit und Freundlichkeit seitens des Director's beobachtet werden muß, so dem Tagelöhner gegenüber Gerechtigkeit und eine, wenn auch äußerlich nicht stets hervortretende, doch innerlich vorhandene Liebe und Sorge für dieselben, so wie für ihre Familien; und eine gleiche Gesinnung, wenigstens ein gleiches Handeln, gegen den Tagelöhner muß auch der Dirigent von einem jeden seiner Unterbeamten verlangen. Oft sind letztere nur zu sehr geneigt, die Tagelöhner als ihre natürlichen Feinde zu betrachten, keine Klage von ihnen zu beachten, und ziehen sich so eine Opposition zu, welche, lange erst im Verborgenen glimmend, schließlich oft ein sehr unerquickliches Ende nimmt. Eine scharfe Controlle der untern Beamten in ihrem Wesen und Regiment gegen die Arbeiter ist ein nicht minderer Act der schuldigen Liebe gegen die Tagelöhner, als dieselbe sich auch in Form der Strenge gegen die Tagelöhner selbst offenbaren muß, bei Widersetzlichkeit derselben gegen die Beamten, um sie vor größeren Vergehungen zu bewahren.

Viele halten es zwar für das Zeichen eines practischen Oeconomen, wenn derselbe gehörig poltern und mit den landüblichen Schimpfwörtern den Tagelöhnern gegenüber gewandt umzugehen weiß, ja mir sind Fälle vorgekommen, wo solche Eigenschaften von einem Oeconomen gefordert wurden. Traurig genug, wenn Arbeiter nicht ohne dieselben regiert werden können, und noch trauriger, wenn seitens gebildeter Vorgesetzter nicht dahin gearbeitet wird, die Tagelöhner über dies sehr tiefe Niveau der menschlichen Gesittung hinwegzuheben. „Daß sich die Leute so etwas bieten lassen," wie es heißt, macht doch die Herrschaft über sie gewiß nicht angenehmer. Der gerechte, kurze aber nachdrückliche Zorn wirkt weit mehr als ein Flackerfeuer, und Schimpfreden pflegen nur ein solches zu sein, im Grunde steckt Unentschlossenheit, sogar Feigheit dahinter. Je mehr Vertrauen man beweist, desto mehr empfängt man in der Regel, und ein vorsichtiges Fortschreiten darin hebt die sittliche Stufe der Tagelöhner, wenn auch nicht schnell, doch allmälig und sicher; es muß nur die Absicht dieser Fortbildung bei dem Dirigenten stets vorhanden sein. Auch bildet nichts den Menschen so gut aus, als Verantwortlichkeit, und je mehr man einen Einzelnen, auch den gewöhnlichen Tagelöhner, für eine bestimmte Arbeit verantwortlich macht, desto sicherer ist man, gute Arbeit zu erlangen, und desto mehr wird die Leistungsfähigkeit des Menschen selbst allmälig wachsen.

Pünktliches Halten aber des Zugesagten verlangt der Character der Tagelöhner namentlich auf das Genaueste; selbst Vergünstigungen, welche die Herrschaft ihnen angedeihen läßt, sobald nur das Mindeste in dem gewohnten Zuschnitt verändert wird, pflegen leicht mit Mißtrauen, wenn nicht Murren, aufgenommen zu werden. Kündigten doch in einem Falle die gesammten Knechte den Dienst, weil die neue Wirthschafterin ihnen die Häringe nicht mit der Lake auflegte, sondern erst vorher wässerte! Gerechtigkeit in Lohn und Strafe beleidigt die Tagelöhner, selbst wenn sie in

Härte ausartet, weniger als eine weiche Unentschiedenheit bei der sie einen kleinen Nachtheil erleiden. Auf Dank rechnen, soll man überhaupt kluger Weise nicht, wenn es auch eine moralische Verpflichtung ist, ihn von den Untergebenen um ihrer selbst willen zu verlangen; — kommt der Dank von selbst, so freue man sich dessen, werde aber im entgegengesetzten Falle nicht bitter und lieblos. Sich um die Liebe der Untergebenen und Tagelöhner zu bemühen, ist aber offenbar eine der größten Schwächen, welche ein Dirigent nur haben kann. Diese Schwäche ist der Grund einer zahllosen Reihe verkehrter Maßregeln, welche dennoch niemals den gehofften Zweck erreichen. Diese verunglückte, und doch bei gutmüthigen, weichen Menschen so häufig vorkommende Philanthropie hat oft mehr Unheil durch Hervorrufung von Unbescheidenheit, Hochmuth und Trotz angestiftet, als ein nur einigermaßen gerechtes, wenn auch despotisches Regiment. Allerdings ist eine gewisse Herzlichkeit gegen den Tagelöhner, hervorgegangen aus einer freundlichen Gesinnung gegen denselben, und sich äußernd in einem ungekünstelten Humor, die beste Weise, eine innere Herrschaft über sein Gemüth zu erwerben, aber sie muß auch durch ruhigen Ernst und ein nachheriges kurzes Abschneiden dieses Verhältnisses in Schranken gehalten werden.

Was dem unteren Beamten oft so unangenehm ist, das Krankenbett des Tagelöhners, weil er dadurch in seiner Arbeitseinrichtung gestört wird, dem Dirigenten aber verdrießlich wegen des zu holenden Arztes und sonstiger Hülfen, bietet recht eigentlich oft das Mittel, um einen Menschen treu und fest an sich zu knüpfen, wenn derselbe dann in der Noth eine wirkliche herzliche Theilnahme bei dem Vorgesetzten sieht, den er in gesunden Tagen nur als den strengen Befehlenden hat kennen lernen. Hier ist freilich auch der Punkt, wo das weibliche Regiment von unberechenbarem Einfluß ist, und wo eine tüchtige Hausfrau manche Härte des Mannes in der Direction ausgleichen kann, ohne daß der Subordination des Tagelöhners dadurch geschadet wird.

Zum Anspornen der Tagelöhner und Knechte für Zeiten, wo sich die Wirthschaftsarbeit drängt, oder bei ganz neu einzuführenden Operationen hat man, außer dem vortrefflichen, später näher erwähnten Mittel des Accordarbeitens, allerlei Extraordinarien angewandt. Beschränken sich dieselben auf eine nach der größeren Leistung oder längeren Arbeitszeit abgemessene Geldbelohnung, oder ein derartiges anderes Aequivalent, so ist das nur Sache der Gerechtigkeit. Man kann wohl zuweilen eine Mehrarbeit auch ohne Lohn verlangen, bei sonst gut gestellten Leuten, thut sogar wohl daran, damit sie ihrer sonstigen Beneficien inne werden, aber bei öfterem Vorkommen macht es die Arbeiter verdrossen. Ein sehr trauriges Auskunftsmittel, welches freilich an manchen Orten so eingebürgert ist, daß es nicht plötzlich aufgehoben werden kann, ist die Anreizung zur Arbeit durch Branntwein. Bier, Eier, Fleisch, Fett als Extragabe, geben wirklich Kräfte zur Consumtion für die Arbeit, nicht so der Branntwein, er wirkt wie der Wein nur schneller verzehrend und digestiv für den Organismus, giebt also keine Kraft, sondern nimmt sie im Gegentheil, wenn nicht ein Zuschuß an wirklichem Nahrungsstoff dem Körper zugeführt wird. Es liegt mir hier fern, dem Branntwein in geringer Dosis seine medicinisch wohlthätige Wirkung auf den Körper absprechen zu wollen, sowohl in dem Zustand der größten Erschöpfung aller Kräfte, als in dem weniger zu rechtfertigenden der Ueberfüllung des Magens mit Speisen. Der Reiche genießt seinen Alkohol in Form von Wein und starkem Bier, der Arme kann's nicht bezahlen, er trinkt Branntwein. Verbiete dem Reichen den Wein und dem Armen den Branntwein, so ist die Gerechtigkeit hergestellt. Als Wirthschaftsbehelf aber ist der Branntwein in den meisten Fällen auch practisch unnütz und verderblich, denn er thut, zumal wenn bei der Vertheilung nicht eine gewisse strenge, militärische Ordnung gehandhabt wird, so viel Schaden durch Unordnung, welche er bei der Arbeit erzeugt, als er zur Mehrleistung anspornt. Will der Vorgesetzte ein Mehr an Leistung von seinem Arbeiter, sowohl augenblicklich als auf die Dauer erreichen, so ist für alle Fälle das beste, ja das einzig richtige Mittel, daß er sich selbst nicht schone, und mit Ausdauer und Unermüdlichkeit seinen Untergebenen im

Beispiele vorangehe. Sehen dieselben, daß dem Vorgesetzten die Wirthschaft, sei es die eigene, sei es eine verwaltete, am Herzen liegt, und daß er sich Genüsse versagt um seines Amtes willen, und sich den Mühen, die dasselbe von ihm verlangt, gern und freudig, doch ohne Uebertreibung und Hast unterzieht, so pflegen sie gern nachzufolgen, und gewöhnen sich dadurch allmälig an eine ihren Kräften angemessene Leistung.

## § 13.

### Die Vergehungen wider die Subordination.

Im Gegensatz zu der Gliederung des landwirthschaftlichen Regiments in ihrer Ordnung kommen wir nun zu den Widersprüchen und Störungen derselben, der Vergehen gegen die Subordination und den daraus nothwendigerweise hervorgehenden Strafen. Die Opposition des Untergebenen gegen den Vorgesetzten und dessen Befehl richtet sich im Großen und Ganzen stets mehr nach dem Wesen des Befehlenden als nach dem des Befehligten. Die Masse ist in beständiger Opposition begriffen, und nur die Form der Aeußerung derselben ist verschieden. So begegnen manche Naturen auf ihrem Lebenswege wenig offener Widersetzlichkeit, desto mehr aber heimlicher Intrigue, andern geht es wieder umgekehrt. Wo die verwundbare Stelle eines Herrschenden ist, dahin zielen alle Pfeile der zu regierenden Menge. Der Gutmüthige wird bei seinem weichen Herzen bestürmt und betrogen, den Heftigen läßt der Kluge ausbrausen und beherrscht ihn dadurch um so sicherer, der Träge entdeckt bald Personen, welche ihm alles auf's Beste zu besorgen versprechen, und der Emsige findet fleißige Zuschauer der Arbeit, die er allein verrichtet. Deshalb ist strenge Selbstprüfung die erste Maxime bei dem Dirigenten, und welcher ehrliche Mann würde nicht gern zugeben, daß das Controlliren seiner selbst sehr viel schwerer ist, als das der Beamten und Tagelöhner. Es liegt freilich immer näher, die Schuld von Unannehmlichkeiten oder mangelhaftem Ineinandergreifen der Arbeit auf diese oder jene Dummheit, Böswilligkeit des Untergebenen, als auf die eigne ungenaue

Disposition und Befehlsertheilung zu schieben, aber ungleich zweckentsprechender ist es immer, wenn man erst nach vorheriger gewissenhafter Selbstprüfung, dann aber auch mit aller Strenge gegen die Verschuldung der Untergebenen zu Felde zieht; der Zorn schadet nie, wenn er nur gerecht ist, und die wirkliche Gerechtigkeit desselben ist auch das einzige Mittel, ihn in Schranken zu halten, was sonst alle bei kaltem Blut gefaßten guten Vorsätze nicht vermögen. Der Dirigent muß in unserem Falle sich durch sein eignes Gewissen bestrafen, dem in der Praxis freilich oft mancherlei Wirthschaftscalamitäten zu Hülfe kommen, deutlicher redend durch Verluste und für die Zukunft mehr erreichend als Entschlüsse.

Was nun die besondern Formen betrifft, in welcher die Auflehnung wider die Subordination und die Verletzung des Gehorsams zu erscheinen pflegt: so beginnen dieselben mit der feinsten Nüance der Langsamkeit im Gehorsam, bis sie in der offensten Widersetzlichkeit enden. Nun ist es zwar oftmals leichter, die großen Ausbrüche des Unrechts zu bewältigen, als das im Verborgenen schleichende Gift, im Allgemeinen aber wird es doch gerathen sein, einer solchen Auflehnung wider den Befehl in seinem ersten Anfange schon durch die geeigneten Maßregeln entgegen zu treten. Ein Vorläufer des Ungehorsams ist schon das sogenannte Besserwissen. Oft kann dies Besserwissen wirklich ein besseres Wissen und Verstehen der angeordneten Sache sein, und es wird ein umsichtiger Dirigent, namentlich wenn Leute wie Meier, Hirten, alte Gutsknechte derartige entgegenstehende Meinungen in der gehörigen Form vorbringen, sie gewiß nicht unbeachtet lassen, es nicht verschmähen, auch von seinen Leuten zu lernen, denn der wissenschaftliche Mann schließt nie ab in seinem Fache. Er wird sogar in vielen Fällen den Vorschlag des Untergebenen zu seiner eignen Anordnung erheben, und darf dann der pünktlichen Ausführung gewiß sein; da der Urheber des Gedankens nun doppelt daran gebunden ist, und eine gewisse Freudigkeit für Bethätigung desselben empfinden wird. So gut aber auch in einzelnen Fällen das „Besserwissen" zu benutzen sein mag, zur Gewohnheit darf dasselbe bei dem Untergebenen nicht werden; der Hochmuth gesellt sich bald dazu und da muß alsdann auf strenge, ja pedantische Ausführung des gegebenen Befehles bestanden werden. So lange die Berathung dauert, so lange ist die freie Meinungsäußerung gestattet; ist der Befehl ertheilt, dann heißt es: gehorchen. Gestattet man einem Unteraufseher erst einige Male Operationen nach seiner eigenen Meinung ohne vorherig eingeholte Erlaubniß, selbst wenn es wirklich für diese einzelnen Fälle vortheilhaft wäre, zu ändern; so wird man bald niemals einer pünktlichen Erfüllung des Auftrages sicher sein, und im Großen reichlich den Schaden erleiden, der im Kleinen vermieden worden. Außerdem ist nicht leicht für den Dirigenten etwas unangenehmer, als wenn er eine Aenderung in seinen Anordnungen, z. B. in Anstellung der Arbeiter, bei der Controlle vorfindet. Die Unordnung erscheint auch auf den ersten Blick noch viel schlimmer als sie sich meistens in der Folge herausstellt, weil vielleicht ein leidlich haltbarer Grund dazu vorhanden war; aber die Freude an der Wirthschaftsbesichtigung ist leicht dadurch auf mehrere Stunden gestört, und wo nicht innerliche Fröhlichkeit ist, da sieht man bald alles in unfreundlichem Lichte.

Schlimmer aber als diese äußere Nichtbefolgung des Befehles, bei welcher noch zuweilen eine gute Absicht der anfängliche Grund gewesen sein kann, ist ein innerer Ungehorsam, wie ich den Zustand fortwährender, wenn auch verhaltener Opposition, nicht etwa gegen eine einzelne Anordnung, sondern gegen den Befehl des Vorgesetzten überhaupt nennen will. Dieser innere Ungehorsam — vorausgesetzt daß nicht die Heuchelei noch stärker sei als der Widerspruch — kennzeichnet sich zuvörderst durch einen Mangel an Geschwindigkeit in der Ausführung des Befehles, dann aber auch durch die fehlende Freudigkeit, welche bald in Mißmuth ausartet. Dabei gehorcht der Mißmüthige äußerlich oft besser, als der im Eifer für die Sache alles besser Wissende, und viele begnügen sich bei ihren Untergebenen mit einem solchen mißmüthigen Gehorsam, sobald nur der Befehl schweigend ausgeführt wird; sind sogar der Meinung, daß es auf die Freudigkeit des

Gehorsams gar nicht ankomme, wenn's nur überhaupt geschehe. Mag dies für den einzelnen Fall gleichgültig sein: für die Dauer ist der Mißmuth der gefährlichste Feind aller Subordination, ja alle Revolutionen gehen von den Mißvergnügten aus, die dann oft andere ehrlichere Naturen vorschieben und dieselben dazu in's Verderben führen. Es ist zwar meistentheils bequemer, sich mit der äußeren Erfüllung des Befehles zufrieden zu stellen, zumal in Gegenden, wo die Arbeiter sich durch eine gewisse Langsamkeit und Pedanterie auszeichnen, und es schwer hält, die absichtliche Zögerung von der angebornen zu unterscheiden: aber eine innere Durcharbeitung des einzelnen Characters, wenigstens eine gelegentliche, wenn Zeit und Muße dazu vorhanden ist, wird trotz der Mühe, die es verursacht, und dem Undank, den man vielfach davon erntet, dennoch im Allgemeinen einen großen Segen bringen. Oft zwingt man mißmüthige Naturen, z. B. neu angekommene Knechte, denen es bisher mehr an Erziehung als an gutem Willen gemangelt hat, ziemlich leicht, wenn man ihnen mit einer lebendigen Fröhlichkeit des Befehles zu Hülfe kommt, und sie vorerst nur zur Geschwindigkeit des Körpers nöthigt, die des Geistes kommt dann auch wohl nach, wenn der Fond innerlich dazu vorhanden ist. Wenn aber bei dem Arbeiter, so ist noch viel mehr bei dem Beamten ein mürrisches Wesen, sollte es selbst mit äußerem Gehorsam verbunden sein, zu bekämpfen. Ein verdrossener Beamte kann eine ganze Schaar fröhlich arbeitender Tagelöhner ebenfalls verdrossen, und dadurch unlustig für ihre Arbeit machen, und ein entschiedenes Verbieten mürrischer Gesichter — jedoch nicht etwa Belobigen freundlicher — kann geradezu nothwendig werden. Ein Vorgesetzter, der die Absicht hat, auf das Innere seiner Untergebenen zu wirken, wird auch bald ihnen innerlich durch die Macht der Wahrheit und Gerechtigkeit so imponiren, und sie so beherrschen, daß der Widerspruch äußerlich und auch im Herzen schweigen muß.

Aus dem nicht erdrückten Mißmuth entsteht das Murren, und dies ist der Anfang des Trotzes. Wo der Trotz ein Verbrechen ist, wie bei dem militärischen Regiment, so daß die gesetzliche Strafe sofort eintritt, da liegt keine besondere Gefahr in demselben, so anders die Subordination in einem Heere nicht gelockert ist. Bei dem Landwirth aber, obgleich ihm ebenfalls polizeiliche Maßregeln zu Gebote stehen, ist der Trotz sowohl eine öfter sich wiederholende Erscheinung, als auch dadurch ein gefährlicherer Feind der geordneten Direction. Der Trotz, welcher nicht gebrochen wird, steckt an wie eine Seuche, er mehrt sich von Tag zu Tag wie eine Lawine, immer mehr Individuen mit sich fortreißend, bis er nach vielem Unheil als Criminalverbrechen vor die ordentlichen Gesetze gestellt wird. Dem Trotz begegnen kann man aber nur durch den Muth, welchen das feste Bewußtsein des Amtes giebt, daher kann auch nur ein gerechter, sich des Zweckes bewußter Zorn auf die Dauer wirklich durchdringen, nicht eine bloß äußerliche Gewaltmaßregel, welche die Entscheidung mehr hinausschiebt als wirklich vollführt. Ueberhaupt beruht die richtige Gesinnung, ja die Liebe zu den Untergebenen in diesem Falle nur in dem schonungslosen Ankämpfen gegen ihre Fehler und muß somit oft die Gestalt der Härte annehmen, wenn das innere Gefühl sich sogar dagegen sträubt und gern auf dem Wege der Güte durchdringen möchte. Ist die Güte versucht, und sie hilft nicht, so heißt ferneres Beibehalten derselben nur Schwäche und untergräbt von oben her das Regiment, wie der Trotz von unten.

Noch haben wir der Collisionen der Beamten unter einander und mit den Tagelöhnern zu gedenken. Hier ist es nur insoweit Pflicht des Dirigenten als solchen, einzugreifen, als dadurch das Interesse der Wirthschaft selbst berührt wird oder leidet; in reine Personalien thut man wohl, sich gar nicht zu mischen und sie wo möglich ganz zu ignoriren. Unrecht ist bei Collisionen in der Regel auf beiden Seiten und der Dirigent pflegt sein Amt hiebei am besten zu verwalten, wenn er die beiderseitigen Fehler in das hellste Licht stellt und die Gelegenheit wahrnimmt, dieselben zu strafen. Gewöhnlich ist der eine Theil zufriedengestellt, wenn er nur das Unrecht am Andern bestraft und anerkannt sieht, des eignen pflegt er sich so sehr selbst bewußt zu sein, daß dann keine Entschuldigung mehr versucht zu werden pflegt. Daß man dem

Beamten stets Recht und den Leuten stets Unrecht geben soll, wie viele verlangen und in der Praxis auch durchführen, ist erstlich nicht ein Act der Gerechtigkeit, und deshalb nicht haltbar, dann aber wirkt es auch für die Dauer sehr nachtheilig auf die Arbeiter, und diese sind es doch gerade, welche am Gute haften, während die Beamten wechseln. Erstreckt sich der Conflict eines Beamten nur auf einen einzelnen oder einige Tagelöhner, so kann man im schlimmsten Falle durch Entfernung der Letzteren dem Streit ein Ende machen, erstreckt er sich aber auf die ganze Tagelöhnerschaft, so wird sie zwar ebenfalls gestraft werden müssen, aber es wird doch rathsam sein, dann durch Entlassung des Beamten das an sich schon unhaltbare Verhältniß zu lösen, falls der Beamte, wie es doch gewöhnlich der Fall ist, dies nicht von selbst einsieht und seine Entlassung erbittet.

## § 14.

### Die Strafen.

Daß gestraft werden muß, liegt schon in dem Unrecht, welches begangen worden, und welches zu sühnen ist, aber wie soll der Wirthschaftsdirigent strafen? Wirkliche gegen Person und Eigenthum offenbar verübte Verbrechen muß man unweigerlich den ordentlichen Gerichten übergeben, und nicht etwa durch Bitten der Frauen und Kinder und Betheuerungen der tiefsten Reue sich bewegen lassen, dem Rechte nicht seinen Lauf zu lassen; es pflegen solche Frevel selten allein zu stehen, und nie ohne eine längst im Innern schlummernde verbrecherische Gesinnung begangen zu werden, und diese Gesinnung weicht nicht dem bloßen Schreck, sondern nur der wirklichen Strafe. In Bezug der kleinen Diebstähle sind jetzt die polizeilichen Verordnungen und Maßregeln so zweckentsprechend, daß man auch hier wohl thut, nicht zu vieles unter die Klasse der Hausdiebstähle zu rechnen, und auf eigne Hand zu strafen, sondern besser ein Exempel zu statuiren. Bei kleinen Veruntreuungen auf dem Felde, in der Scheuer, der Forst, wo mehr eine Ueberschreitung des bewilligten Maßes der Begünstigung, als eine Aneignung fremden Gutes stattgefunden hat, da wirken zeitweilige Entziehungen dieser selben Vergünstigungen am vortheilhaftesten auf die Erkenntniß und die Praxis der Uebertreter. Es muß überhaupt die Tendenz einer jeden privaten Bestrafung dahin gehen, das Bewußtsein des Unrechtes in dem Bestraften zu wecken, denselben moralisch zu bessern und zu erziehen; und ist dies, wie bei jedem häuslichen Regiment, so namentlich bei den Personen eines Landguts, als einer großen Familie, fest im Auge zu behalten. Demgemäß sind alle diejenigen Mittel, welche strafend und erziehend zugleich wirken, die empfehlenswerthesten. Dabei ist es gut, jeden mit derjenigen Sache strafen, an welche sich mehr oder minder sein Unrecht knüpft, so den unbescheiden Zugreifenden durch Entziehung des Benefices, den Trägen durch wiederholtes Zwingen zu der schlecht ausgeführten Arbeit, den zu spät zur Arbeit Kommenden, dadurch daß man ihn unfreiwillig einen oder mehrere Tage feiern läßt, den mit seinem Gefährten Zankenden durch Geldzahlen in eine Tagelöhner-Hülfskasse, und wie der Beispiele unendlich viele gegeben werden könnten. Die einzigen Incurabeln pflegen die Säufer zu sein, namentlich solche, von denen im Trunk zugleich das freilich verfehlteste Gegenmittel gegen häuslichen Unfrieden gesucht wird. Entziehung des Branntweins ist gar nicht durchzuführen, denn der Säufer wagt für ihn fast sein Leben; die Wirkung der Mäßigkeitsvereine beschränkt sich fast nur auf die an und für sich schon Mäßigen, moralische Vorhaltungen erwecken wohl Thränen und Versprechungen, aber verfliegen beim Geruch des Alkohols. Es ist jammervoll, solche Individuen tagtäglich auf seiner Scholle vor Augen haben zu müssen, und sie moralisch und physisch zu Grunde gehen zu sehen. Hier ist nur auf die neue Generation durch strenge und sorgfältige Aufmerksamkeit für gute Schulerziehung zu wirken, und dieselbe dann im Dienst bei den Knechten fortzusetzen. — Als allgemeine Strafen pflegt man auch Strafarbeiten zu benutzen. Man hat dann wohl den Schuldigen solche Arbeiten verrichten lassen, welche beschwerlich oder gar unangenehm und widerlich waren. Wenn dies in der Wirthschaft überhaupt nothwendige Operationen sind, dann ist es durchaus nicht anzurathen, dieselben als Strafe zu benutzen; man erregt — im Falle kein Strafarbeiter vorhanden ist, und die Verrichtung doch gethan werden muß — leicht eine Kränkung bei dem Tagelöhner, welcher dazu beauftragt wird, insofern derselbe diese Arbeit für gebrandmarkt hält. Geldstrafen und Lohnabzüge sind die üblichsten Strafmethoden, und dringen, falls die innere Durcharbeitung des Characters dabei nicht ganz verabsäumt wird, auch in der Regel am erfolgreichsten durch. Oft werden die eingezogenen Geldbeträge zur Deckung der Kosten eines durch den Arbeiter verursachten Schadens verwandt. Ausreichend sind sie nun wohl dazu niemals, denn meistens beträgt das einem Tagelöhner anvertraute Gut dem Werthe nach das sehr Vielfache mehr als sein ganzer Tagesverdienst; aber es soll doch durch die Strafe das Unrecht eindringlich gemacht werden. Ob es überhaupt gut ist, sich dergleichen verursachten Schaden, sobald nicht Bosheit, und vielfach wiederholte Nachlässigkeit der Grund war, ersetzen zu lassen, mag dahin gestellt bleiben; in keinem Falle aber ist es zweckmäßig, Geldstrafen, welche man für Versäumnisse, Zänkereien, Pfändungen, Unordnungen aller Art auflegt, zur Wirthschaftskasse einzuziehen. Leicht reizt dies die Leute zum Mißtrauen und zu der Ansicht, daß ihnen dies und jenes nur deshalb zum Unrecht angerechnet werde, um eine Geldstrafe daraus zu machen; es ist auch unmöglich, hierin alle Fälle mit gleicher Consequenz zu bestrafen, sondern man läßt sich von Zorn oder persönlicher Zuneigung verleiten, diesen strenger, jenen nachsichtiger zu behandeln. Deshalb ist es zweckmäßig, alle aus der oben bezeichneten Kategorie von Uebertretungen hergeleiteten Geldstrafen in eine Kasse zu zahlen, deren Ertrag den Arbeitern selbst wiederum in Fällen der Noth zu Gute kommt. Ich habe sie oben mit dem Namen einer Tagelöhner-Hülfskasse bezeichnet. Ihre Gründung ist meistentheils Sache des Dirigenten, ihre Fortführung aber Sache der Tagelöhner, welche sich auch bald daran gewöhnen, Beiträge dafür zu zahlen, wenn man ihnen nur die Verwaltung möglichst selbst überläßt, auch die Vertheilung von Zuschüssen an kranke Mitarbeiter ihrem eignen Ermessen anheimgiebt. Wo ich diese

Einrichtung kennen gelernt habe, hat dieselbe große Segnungen unter den Arbeitern hervorgerufen, sowohl durch wirkliche materielle Hülfe als durch Weckung eines gewissen Corporationsgeistes und Controlle der Arbeiter unter einander.

Wenn sich nun jede, auch die private Bestrafung, nach der Größe des Unrechts richten muß, so ist doch die Form der Strafe nach dem Verständniß, der Empfänglichkeit, so wie dem Bildungsgrad des Schuldigen zu bemessen. Eine kleine Rüge durch Blick oder Wort wirkt gegen einen gebildeten Unterbeamten viel mehr, als heftige Scheltreden, und ein Verweis unter vier Augen stiftet hier Gutes, während ein Tadel vor Andern Bitterkeit erregen würde. Je öffentlicher indeß das begangene Unrecht ist, um so öffentlicher muß auch die Strafe sein, schon damit das Gefühl der Gerechtigkeit bei der Menge nicht leide, und je niedriger ferner der Bildungsgrad, desto geringer ist auch der Maßstab, welchen man an den Schuldigen legen kann, und desto geringer muß im Verhältniß zu einem höher Gebildeten die Bestrafung sein. Eine Untreue, welche bei dem Beamten die Dienstentlassung zur Folge haben müßte, würde bei dem Tagelöhner und seinem Bildungsstande vielleicht durch eine geringe Benefizentziehung zu ahnden sein.

## Zweiter Abschnitt.

## Verhältniß des Dirigenten zu den einzelnen Wirthschaftszweigen.

---

### § 15.

#### Die Sonderung der Wirthschaftszweige.

Nachdem wir in dem vorigen Abschnitt den Begriff der Direction entwickelt, die Personen, durch welche dieselbe gehandhabt wird und das Regiment als gegenseitiges Verhältniß dieser Personen betrachtet haben: wenden wir uns nun zu den einzelnen Zweigen der Wirthschaft selbst, und gehen sie in ihrer speciellen Beziehung zur Direction näher durch. Die besondere Aufgabe ist demnach diejenige, bei jedem einzelnen Zweige von seiner sonstigen Bedeutung für das Ganze des Landgutes möglichst zu abstrahiren, und ihn nur, insoweit er Kräfte der Verwaltung beansprucht, zu erörtern.

Wenn wir zu Anfang die geschlossene Gutswirthschaft mit einem Organismus verglichen, und die Thätigkeit des Dirigenten als den darin circulirenden Strom bezeichnet haben, so bietet uns dieses Bild noch einen weiteren Vergleichungspunkt dar, insofern nun auch die richtige Durchdringung jeder Extremität und Einzelnheit in der Wirthschaft durch den Dirigenten gefordert werden muß. Diese Durchdringung bekundet sich in einer vollen Gerechtigkeit und Unpartheilichkeit gegen jeden Verwaltungszweig, und eine solche ist also die vornehmliche Pflicht des Dirigenten, wenn er dem Ganzen möglichst dienen will. Dazu muß eine vorherige Abwägung der Zweige in ihrer Wichtigkeit als dienende Glieder des Gesammtorganismus stattfinden, und es muß das größere oder geringere Maß der Kraft, welche derselbe an Arbeit und Capital fordert, für ihn bestimmt werden. Ist so das Princip der Abwägung aufgestellt, dann wird sich von selbst der Antheil ergeben, welchen jeder Verwaltungszweig an der Direction erhalten muß. Der Reinertrag einer Wirthschaft geht hervor aus dem Reinertrage aller einzelnen Theile derselben, und es muß also ein jeder Theil das ihm in seiner Wichtigkeit zum Ganzen gebührende Maß von Verwaltungskraft zugewiesen erhalten. Jede Unregelmäßigkeit, jede ausschließliche dauernde Begünstigung eines Zweiges über das ihm zustehende Maß wird die Vernachlässigung der andern zur Folge haben, und der auf einer Seite erreichte Vortheil wird durch den Nachtheil auf der andern Seite überwogen. Ich sage dauernde Begünstigung; denn es geht niemals eine Wirthschaft in allen ihren Theilen ihren so geregelten Gang, daß nicht mit der Zeit durch Nachlässigkeit von Personen, oder Aenderung der Wirthschaftslage ein Stocken darin einträte. Deshalb ist eine zeitweilige gründlichere Inspection dieses oder jenes Zweiges durch den Dirigenten etwas unbedingt Gebotenes, ja er thut wohl daran, sich in der Eintheilung seiner Zeit stets einen Platz offen zu halten für eine speciellere Revision dieser oder jener Branche, so daß im Lauf eines Jahres er überall auch das Detail einmal verfolgt hat. Je mehr natürliche Vorliebe aber sich für einen Wirthschaftszweig in der Neigung vorfindet, mit desto größerer Sorgfalt muß der Dirigent über sich wachen, daß er diesem nicht zu viel Gunst zuwende, während bei einer kleinen Abneigung das Gerechtigkeitsgefühl um so stärker den Antrieb zur Inspection erwecken muß.

Je mehr der Dirigent jeden Zweig als eine Individualität betrachtet, welche ihre bestimmten Leistungen empfängt und zurückgiebt, desto gerechter wird er im Allgemeinen sein. Die doppelte Buchführung zwingt ihn zu diesem Princip, und nöthigt durch ihre Resultate oft den Dirigenten, entweder seine Wirthschaftsmethode zu ändern oder aus Verdruß die Rechnung selbst aufzugeben; leider geschieht mehrentheils letzteres, als mit der Bequemlichkeit nach allen Seiten hin besser stimmend. Wo bei großen Gutscomplexen die einzelnen Verwaltungszweige oder Vorwerke so erheblich sind, daß sie eigens dazu angestellte Beamte erfordern, da bietet sich dem Dirigenten ein vortreffliches Auskunftsmittel dar, um mit möglichster Genauigkeit seine Zweige kennen zu lernen und seinem Befehle den gehörigen moralischen Nachdruck zu geben: dies sind die Beamtenconferenzen. Solche Zusammenkünfte der einzelnen Unterbeamten, unter dem Vorsitz des Dirigenten, und eine von letzterem hervorgerufene und in Schranken gehaltene Debatte, fördern die Entwickelung der geistigen Kräfte bei den Einzelnen außerordentlich, und haben für die Beamten den großen Segen, daß sie jedem Einzelnen das Vorurtheil nehmen, welches er von vorn herein gegen seine Amtsgenossen und deren Ressorts hat, insofern er das Seinige für das Wichtigste hält. Dann aber befördert auch eine solche Gelegenheit, sich freimüthig auszusprechen, die gegenseitige Offenherzigkeit, und verhindert heimliche Chikanen, welche, wie jeder größere Dirigent erfahren haben wird, nicht zu den Unmöglichkeiten gehören. Sobald aber in einem Menschen Anerkennung des Nächsten Platz gewinnt, so pflegt auch rückwirkend Anerkennung für ihn selbst von der andern Seite zu erwachsen, und statt der Eifersucht sich ein williges, hülfreiches Entgegenkommen auszubilden. Der Dirigent aber, gegen welchen der Unterbeamte im Zwiegespräch selten so frei hervortritt, auch nicht hervortreten darf, wie gegen seinen Collegen, lernt hieraus sowohl die Persönlichkeiten seiner Untergebenen nach ihren Fähigkeiten für ihre Verwaltungszweige, als auch letztere selbst mit ihren besonderen Leiden und Freuden näher kennen, kann so den Einwand gegen seinen Befehl, wenn er sonst will, mit Gründen begegnen, und ihn überhaupt mit einer größeren Umsicht und Unpartheilichkeit ertheilen. Es wird durch solche Conferenzen dem Dirigenten ein Mittel geboten, alle Kräfte durch seine genaue Bekanntschaft mit denselben auf das Vollkommenste zum Zweck der Wirthschaftsleitung heranzuziehen, und durch diese Sammlung eine Genauigkeit im Detail zu erreichen, welche selbst kleine Wirthschaften bei aller Sorgfalt der Verwaltung nicht zu erlangen vermögen. Wie nun aber ein angestellter Beamter als Person den ihm untergebenen Zweig vertritt, so wird der Dirigent auch am besten für jeden Zweig nach seinem Werthe sorgen, je mehr er sich denselben personificirt denkt, oder doch je schärfer er ihn in seiner Betrachtung aus dem Allgemeinen absondert. Nach dieser ausschließlichen Durchdringung eines jeden Wirthschaftszweiges wird auch seine Einreihung in das Ganze der Wirthschaft und die Gleichmäßigkeit in seiner Verwaltung leichter und sicherer bewerkstelligt werden.

## § 16.

### Die Kassenverwaltung.

Wo nicht, wie dies auf größeren Herrschaften der Fall ist, eine besondere sogenannte Rendantur für Kasse und Kassenverwaltung besteht, da ist der Dirigent jedenfalls diejenige Person, welche die Wirthschaftskasse sowohl in dem mechanischen Theil ihrer Verwaltung unter sich hat, als auch in dem ungleich wichtigeren, der richtigen Beschaffung der Geldmittel, und zweckmäßigen Verausgabung und Anlage derselben. Wo es die Größe und Verwaltungsart des Gutes irgend zuläßt, thut der Dirigent wohl, den mechanischen Theil der Kassenverwaltung einem Kassirer in der oben § 9 erwähnten Begränzung zu überlassen, denn schon die rein mechanische Führung eines größeren Kassenjournals nebst der betreffenden Kasse hat seine nicht unbedeutenden Schwierigkeiten und fordert große Uebung. Werden Zahlungen nur an einem bestimmten Orte empfangen, und eben daselbst geleistet, wie dies in der Kassenstube der Rendantur der Fall ist, mit der gehörigen Muße und Reihenfolge; dann vermag ein Beamter sehr bedeutende Summen zu verwalten. Anders ist es bei dem Dirigenten einer größeren und in ihrer Verwaltung zerstreut liegenden Wirthschaft, namentlich mit technischen Nebengewerben. Da wird bald an dieser, bald an jener Stelle des Gutes eine Zahlung geleistet und empfangen, oft beim Reiten, beim Fahren, unter freiem Himmel, in Regen und in Kälte; gegen augenblickliche Quittung oder versprochene, oder ganz ohne dieselbe, wie es beim Tagelohn meistens auf dem Lande der Fall ist. Oft fehlt es bei Entfernung von Städten an der nöthigen Scheidemünze, und wird hie und da eine Kleinigkeit „für's nächste Mal" gelassen. Dies sind alles äußere Schwierigkeiten, welche zwar durch Uebung und Energie überwunden werden können und müssen, eine Kassenverwaltung jedoch sehr mühsam machen, und manchen Zuschuß zur Deckung des Deficit aus der Tasche des Verwalters verlangen. Ein Taschenbuch ist hierbei der unumgänglich nöthige Begleiter des Dirigenten, und er muß sich üben, im Reiten und Fahren jederzeit schreiben zu können; nicht, daß es unmöglich wäre, Geldposten oder andere Notizen durch das Gedächtniß allein auf kürzere Zeit zu behalten, aber durch ein solches Bemühen des beständigen Erinnerns wird dem Geist die Fähigkeit für wichtigere Gedanken in der Direction entzogen, namentlich für alle schnellen Beobachtungen, und die erforderlichen Correcturen von Fehlern der Unterbeamten und Tagelöhner. Eine öftere, wenigstens wöchentliche Nachzählung der Kasse und Vergleichung des wirklichen Bestandes mit dem der Rechnung, ist in jedem Falle sehr anzurathen, Uebung gestattet freilich auch hier längere Pausen. Da auch bei der einfachen Addition, namentlich dem Transport der Seiten trotz aller Sorgfalt Fehler vorfallen können, so ist eine monatliche Vertheilung der einzelnen Posten auf die Conti oder Titel der Wirthschaftsrechnung und eine Revision dieser Vertheilung immer zweckmäßiger als eine jährliche, weil in diesem kürzeren Zeitraum sich der Fehler leichter entdeckt (siehe unten § 33).

Ein der Größe der Wirthschaft angemessener Geldvorrath in der Kasse, oder wenigstens die Möglichkeit, von einem Banquier oder Kaufmann in nächster Nähe diesen sofort beziehen zu können, ist unbedingt erforderlich. Gute ländliche Handelsgeschäfte können durch sofortige Ausgleichung mit baarem Gelde viel leichter gemacht werden, als durch Anweisung auf spätere, vielleicht gar länger verzögerte Zahlung. Es soll richtiger Weise dem Dirigenten stets ein solches Quantum Geldes zur Disposition stehen, daß niemals ein guter Ankauf für die Wirthschaft, welcher sich oft zufällig darbietet, aus Mangel an baarem Gelde unterlassen zu werden braucht, und niemals um einer Zahlung willen ein übereilter Verkauf abgeschlossen werden muß. Daß es in den meisten Wirthschaften nicht stets so bestellt ist, thut der Richtigkeit der Sache, welche jeder Landwirth zugeben wird, keinen Eintrag. Je mehr aber eine Gegend belebt ist durch Handelsverkehr und erleichterten Absatz, desto weniger wird baares Geld, welches als Vorrath immer keine Zinsen trägt, von Nöthen sein, wenn nur der Credit stets vorhanden ist, dasselbe zu erhalten. Dies ermöglicht auch den Betrieb des landwirthschaftlichen Gewerbes für geringe Geldmittel in cultivirten Gegenden, während in uncultivirten große Baarvorräthe verlangt werden, ein oft nicht genug beachteter Gegengrund bei anscheinend billigen Gutskäufen!

Nach dem mehr oder minder leichten Geldverkehr einer Localität wird auch der Dirigent wohl thun, den Tagelöhnern weniger oder mehr in Naturalien als Lohn zu geben, so daß er das Leben der Wirthschaft mehr aus der Kasse auf den Kornboden verweist. Auch pflegt sich diese Einrichtung der Naturaldeputate beim Accord mit ländlichen Handwerkern gut zu bewähren. Einführung von Marken mit dem Gutsstempel, welche als baares Geld an die Tagelöhner gegeben, und dann von denselben als locales Zahlungsmittel gebraucht werden, ist nur in sehr geldarmen Gegenden zu empfehlen, dort aber oftmals in Gebrauch. Immer muß jedoch die Kasse des Dirigenten im Stande sein auf Präsentation solche Marken sofort einzulösen, so daß ein unbedingtes Vertrauen dieselben in Cours erhält. Die Bezahlung einzelner Operationen, z. B. der Kartoffel- und Rübenernte, vermittelst solcher Marken zu vereinfachen, gehört zu den sehr empfehlenswerthen üblichen Methoden, wobei nur Sorge zu tragen ist, daß keine Fälschung des Stempels vorkomme.

## § 17.
### Die Anlage der Capitalien.

Die in dem Landbau angelegten Capitalien werden eingetheilt in das Grund- und Betriebscapital, und letzteres wiederum unterschieden in stehendes und umlaufendes. Auf die Definirung dieser Begriffe gehen wir hier nicht näher ein, sie ist Sache der landwirthschaftlichen Betriebslehre so wie der Nationalöconomie.

Die Anlage von Grundkapital findet statt außer durch den Ankauf des Gutes, welchen wir in unserm Falle als geschehen betrachten müssen, und von dem wir also gänzlich abstrahiren, in der dauernden Verbesserung der Gutssubstanz mit all' ihren Pertinenzien. Eine solche Verbesserung liegt zwar unmittelbar auch im Interesse des Pächters und des Beamten, namentlich wenn derselbe auf Tantieme angestellt ist, direct aber ist sie stets Sache des Besitzers, und nur der Dirigent, welcher zugleich Besitzer ist, darf hier ungebunden schalten. Wir haben aber bei der einmal gewählten Anschauungsweise einen Wirthschaftsdirigenten vor Augen, welcher über keine neuen Capitalien zu verfügen hat, sondern alle Anlagen aus den Gutsüberschüssen bewerkstelligen muß, daher in seiner Disposition auch den Geldmitteln nach beschränkt ist. Es entsteht demnächst für ihn die außerordentlich wichtige Frage: „wie erreiche ich durch Anlage eines Theils der Gutsüberschüsse am schnellsten den dauernd höchsten Reinertrag des Gutes?"

So lange eine Wirthschaft noch in dem Zustande ist, daß neu angelegtes Betriebscapital sich hoch, bei uns in jetziger Zeit etwa über fünfzehn Procent verzinset, dürfte in der Regel noch kein Jahresüberschuß — denn von diesem rede ich nur als dem Dirigenten disponiblem Mittel — zu dauernden Grundmeliorationen verwendet werden. Erst wenn diejenige Stufe der Cultur in einer Wirthschaft erreicht ist, daß eine Mehranlage im Betriebscapital nicht in der angegebenen Weise lohnt, darf zur Erhöhung des Grundwerthes geschritten werden. Diese Stufe ist freilich bei manchen Ackerstücken sehr gering, ja ihr Ertrag bleibt immer und immer Null, wenn nicht die Grundsubstanz wesentlich verändert wird, und hier ist aus Ueberschüssen wenig zu machen, weil überhaupt keine vorhanden sind, es muß anderweit beschafftes Capital hinzutreten. Da heißt es denn für den Dirigenten zuvörderst die wirklich culturfähigen Stücke eines Gutes in Angriff nehmen, welche noch einen Ueberschuß gewähren, das Nutzlose aber vorerst noch liegen lassen, und Geduld haben mit dessen Bebauung. Sind nun durch den Ueberschuß, welchen die productiven Grundstücke gewähren, die erforderlichen Mittel, sowohl an Capital wie an Arbeitskraft, erworben, dann kann mit der Nutzbarmachung dieser bisherigen Zehrer am Gutsertrage vorgegangen werden. Derartige negative Grundstücke sind namentlich solche, die an Nässe und Bodensäure leiden, und doch keine brauchbaren Wiesen abgeben; das Futter ist darauf ungesund, spärlich und die Cultur kostbar. Hier tritt zuerst die Entwässerung, Drainage, als Grundcapitalsanlage hervor; besorgt sie der Pächter, so pflegt er einen bedeutenden Theil vom Grundherrn billiger Weise vergütigt zu erhalten, der Beamte aber von diesem angelegten Capitale doch seine Jahrestantieme zu beziehen. Auch fliegende Sandschollen, nicht nur an sich nutzlos, sondern auch dem angrenzenden Acker verderblich, gehören zu solchen negativen Größen. Sie durch Schonungsanlage zu befestigen, dadurch unschädlich zu machen, ist eine möglichst bald in Angriff zu nehmende und durch die neuerdings so allgemein in Aufnahme gekommene v. Ahleman'sche Pflanzmethode auch sehr erleichterte Cultur. Demnächst drängt sich bei den meisten Ackerstücken die Hebung ihrer Grundsubstanz durch Mergelung in den Vordergrund, eine Melioration, welche ihre Kosten zuweilen bei der nächsten Kornerndte schon wieder erstattet. Allerdings darf sie nicht durch fortgesetzten Kornbau zur „Ausmergelung" des Bodens gemißbraucht werden, sondern sie muß als eine Vermehrung der Capacität des Bodens angesehen werden, ein größeres Capital (Dünger) in demselben anlegen zu können, und deshalb auch durch fernere kräftige Düngung anhaltend unterstützt werden. Wegebesserungen, bis zur Anlage von Feldchausseen oder Pflasterstraßen sind bei schwerem, thonigem Boden oft das einzige Mittel, ferner liegende Gutsflächen, welche sehr reichliche Bruttoerträge abwerfen, zu einem wirklichen Reinertrage zu bringen, und diese Melioration ist, wenn sie gelegentlich durch Anfuhr der Steine schon vorbereitet war, oft keine übermäßig kostbare. Dienen solche Wege zugleich zur Erleichterung der Communication mit dem Marktplatz, so sind sie doppelt wichtig. Bewässerungsanlagen gehören schon dem Hochpunkt der Cultur an, und wenn wir sie in manchen Gegenden wie z. B. in der Lombardei in so ausgedehntem Maße angewandt sehen, so dürfen wir dabei nicht außer Acht lassen, daß die Anlagen dazu theilweise vor schon fünfhundert Jahren und unter ganz anderen Capitalsverhältnissen gemacht worden sind, daß aber heut zu Tage sich eine solche Neuanlage schwerlich verzinsen würde, außer in manchen, von der Natur sehr begünstigten Localitäten.

Mit dem steigenden Grundwerth des Gutes drängt sich auch die Nothwendigkeit der Gebäude auf; ihre Errichtung ist also, vom gewerblichen Gesichtspunkt aus, nicht als Melioration, sondern als Last zu betrachten, welches sie noch mehr durch ihre Erhaltung werden. Wo Vorwerke auf entfernt liegenden Aeckern gegründet werden, da vermindert sich diese Last der Gebäude sehr, gleicht sich vielleicht ganz aus durch den ungemein erhöhten Grundwerth der um das Vorwerk liegenden Ländereien. Wo neue Tagelöhnerfamilien auf einem Gut angesiedelt werden müssen, da sind bauliche Einrichtungen geboten, desgleichen wo Mangel an Stallraum für das Vieh ist, so daß dasselbe namentlich in kälteren Gegenden darunter leidet. Ebenso ist bei Anlage technischer Gewerbe ein Neubau nicht zu vermeiden. In Scheuern kann man leicht zu viel Capital anlegen, welches sich tief unter dem landüblichen Zinsfuß verzinset, und deshalb in vielen Fällen als eine willkürliche, Annehmlichkeit bietende, aber gewerblich nicht zu rechtfertigende Anlage betrachtet werden muß. Der Engländer verwirft sie ganz, trotz seines Regenklimas.

Wie aber soll der Wirthschaftsdirigent, vom Standpunkt der Geldfrage aus betrachtet, bauen? — Die Antwort ist: Mit der geringsten nur möglichen Capitalsanlage, mit welcher sich sein Zweck erreichen läßt, alles über die strengste Nothwendigkeit Hinausgehende vermeidend. Es ist aber nicht eine und dieselbe Bauart überall gleich billig; in manchen Gegenden ist der Holzbau, in andern der Lehmbau, in noch andern der Bau aus gebrannten oder natürlichen Steinen, oder gar aus Eisen in gleichem Bauwerth am billigsten. Es läßt sich sonach bezüglich der Bauart keine feste Regel aufstellen, sondern diese hängt ganz von der gegebenen Localität und dem daselbst gebotenen Baumaterial ab. Luxusbauten gehören gar nicht zum Wirthschaftsbetrieb; sie gehören zum persönlichen Vergnügen des Besitzers, der dieselbe zu verantworten hat, nicht in das Bereich des Wirthschaftsdirigenten.

Die Anlagen in dem stehenden Betriebscapital erstrecken sich auf das Gespannvieh, die Zuchtheerden und das sogenannte todte Inventarium. Davon sind die Verwendungen für Gespannvieh und Inventarium zwar nothwendige, aber doch gehören sie zu den Lasten, und es ist die Aufgabe des Dirigenten, namentlich wenn derselbe Beamter ist, sich hier nicht von Liebhabereien leiten zu lassen, sondern mit Gewissenhaftigkeit das Interesse des Herrn, den Reinertrag, durch Ersparung wahrzunehmen. Anders gestaltet es sich mit den Verwendungen für die stehenden Zuchtheerden, welche rein productiv zu nennen sind; denn z. B. Anschaffung oder Beibehaltung von schön aussehenden und schlecht melkenden Kühen, wenn sie auch zuweilen geschieht, ist doch nie zu rechtfertigen. Eine mit Vorliebe für ein solches Fach (z. B. Schaf-, Rindvieh- und Pferdezucht) zweckmäßig verwandte Capitalsanlage, aber dabei auch fortdauernde Sorgfalt in der Weiterführung desselben kann den Reinertrag eines Gutes um das Vielfache heben, ja derselbe kann möglicher Weise nur durch diese Sorgfalt vorhanden sein. Oft täuschen sich deshalb hierin Besitzer, welche selbst nicht wirthschaftend, den Reinertrag, den ihr Pächter außer der Pacht noch jährlich erübrigt, für den Reinertrag des Gutes halten, während er nur der höheren gewerblichen Intelligenz des Pächters zuzuschreiben ist. Sie lösen in Folge dessen vielleicht das Verhältniß mit demselben, und finden sich nun durch den rapiden Rückgang im Ertrage sehr bestraft.

Während die Anlagen zu Grundkapital dem Dirigenten als Beamten nie allein zustehen, die zum stehenden Betriebscapital nur theilweise, so müssen die Anlagen im umlaufenden, d. i. jährlich wiederkehrenden Kapital ganz seinem Ermessen anheim gestellt werden. Dazu gehören vornehmlich die Anschaffung von Mastvieh, nach Umständen auch Milchvieh, Futter und Düngerankäufe, auch etwa solche Operationen, welche im Interesse des Jahresertrags durch Anstellung einer größeren Arbeiterzahl bewirkt werden. Das Schalten mit dem umlaufenden Betriebscapital bietet für den Dirigenten den eigentlichen Tummelplatz in Bezug auf den Geldverkehr dar; er muß hier schnell und entschieden die Conjuncturen wahrnehmen, so daß er immer wo möglich seinen ganzen Kassenvorrath in Bewegung zu setzen bereit sei. Ein für das Interesse seiner Wirthschaft recht lebendiger Dirigent kommt auch nicht leicht in Versuchung, dem Betriebscapital Abbruch zu thun durch Anlagen in dem anderweitigen Gutswerth zu offenbar niedrigeren Zinsen. Ihm ist es Ideal, wenn das Betriebscapital die größte Summe des in einem Gute rentabel Verwendbaren erreicht, so daß eine Liebhaberei für den intensiven Betrieb der Wirthschaft auch hierin verblenden kann. Das Maximum ist oft schon überschritten, und es kommt nur noch auf den Glanz und auf die Masse des Bruttoertrages an. Wir finden diesen Fehler häufig bei englischen Farmern, wobei das Naivste ist, daß sie ihn selbst als Fehler eingestehen. Den gefährlichsten Punkt aber in dieser Verblendung, daß im vermehrten Bruttoertrag auch ein vergrößerter Reinertrag beruhe, bildet der Futterankauf zum Zweck der Düngererzeugung. Manche kaufen dabei auf's Gerathewohl, ihrer persönlichen Neigung oder Ansicht folgend, Manche wollen es gar durch die Rechnung rechtfertigen. Zum Zweck der Mastung, Milch- oder Wollproduction läßt sich die Rechnung, bei bestimmten Preisen, ziemlich genau herstellen, aber für den Werth des Düngers fehlen uns noch unbestrittene allgemeine Zahlen, namentlich aber ändert sich sein

Werth so ungemein nach der Güte des Bodens, worauf der Dünger seine Verwendung finden soll, daß eine solche Rechnung in der Regel eine sehr illusorische sein wird. Viele sind durch Futterankauf zum Zweck der Düngererzeugung arm geworden, und ob Diejenigen, welche reich wurden, es auch durch diese Operation geworden sind, steht in der Praxis zu wenig fest.

Alle Kapitalsanlagen aus den Jahresüberschüssen müssen nun zwar in Gelde, der Rechnung und Ordnung wegen, ausgesprochen werden, sie werden aber zum großen Theil auch durch Materialien und Arbeitskräfte des Gutes geleistet. Ein klarer Ueberschlag, was durch Geld, was durch andere Werthe beschafft werden kann, ist vornehmlich Sache des Dirigenten, und sehr oft werden durch eine richtige Veranschlagung hierin große Summen gespart werden können; andern Falles aber werden die Leistungen des Gutes an Material, die Störung und Beanspruchung der Arbeitskräfte an Menschen und Gespann, z. B. bei Bauten, leicht viel zu gering angeschlagen, wenn nicht Rechnung, sondern Neigung die Triebfeder der Capitalsanlage ist.

## § 18.

### Der Markt.

Die im Betriebe des Landbaus productiv angelegten Capitalien verzinsen sich, entweder in Form einer landüblichen Rente (bei Ankauf von Grund und Boden), oder sie kehren zurück in Form einer höhern Amortisationsrente (bei dauernden Meliorationsanlagen), oder als Capital selbst im Wechsel eines Wirthschaftsjahres (das umlaufende Betriebscapital bei Mastvieh, künstlichem Dünger). Die Beschaffung dieser Renten, und die Wiedererlangung des Betriebscapitals selbst mit den möglichst höchsten Zinsen, ist Sache des Wirthschaftsdirigenten. Das Mittel der Beschaffung ist für ihn zwar die möglichst billige Erzeugung und Herstellung der Gutsproducte, aber auch deren möglichst vortheilhafter Verkauf. Die Operationsstätte aber für den Verkauf ist der Markt. Der Markt und alles darauf Bezügliche hat in der neuesten Zeit in unserm Vaterlande einen Umschwung erfahren, der gegenüber der Vergangenheit ohne Gleichen in der Geschichte dasteht. Der für das kleinste Dorf erleichterte Verkehr mit dem Weltmarkt durch Benutzung von Chausseen und Eisenbahnen hat namentlich die Verhältnisse der Localmärkte gänzlich umgestaltet. Während früher ein solcher Localmarkt der ärgste Tyrann der Umgegend sein konnte, welche zum Umsatz ihrer Producte allein auf ihn angewiesen war, ist er jetzt nur ein Stapelplatz für den Weltmarkt in den Hauptstädten, ja für den europäischen Hauptmarkt in London zu betrachten. So bedrückend für den Grund und Boden in Bezug auf Capitalsanschaffungen daher auch oft industrielle Unternehmungen, z. B. Eisenbahnbauten dastehen, so ist doch der Grund und Boden durch die Resultate derselben — nämlich den erleichterten Absatz der Producte — im Großen und Ganzen fast beständig in seinem Werthe gestiegen, ein sicheres Kennzeichen des materiellen Fortschrittes. Freilich ist auch in den meisten Gegenden unseres Vaterlandes die Zeit vorbei, wo es genügte, Waaren für den Localmarkt herzustellen; es gilt jetzt für den Dirigenten, solche Waaren zu produciren, welche auf dem Weltmarkt Absatz finden. Dies ist nun auch mit Getreide, Wolle, Spiritus, Zucker bald in größerem oder geringerem Grade erreicht, schwerer aber mit Mastvieh, um so mehr, da der Absatz thierischer Producte im Verhältniß der vegetabilischen bei uns noch ein sehr unsicherer ist, und trotz des geregelten Commissionärwesens für den Landmann dabei nur ein sehr zweifelhafter Gewinn herauskommt. Es ist daher auch hier, sowohl durch Fortentwickelung der Verkehrsverhältnisse, als namentlich durch größere Beachtung der zum Mästen auszuwählenden Individuen für den Landbau noch die Bahn einer großen Entwickelung offen. Wie seltene und im Verhältnisse colossale Märkte Sache der Uncultur sind, so findet bei Cultur ein fast ununterbrochener Markt statt, insofern jederzeit ein Product rentabel verwerthet werden kann. Es haben auch die großen früheren Schwankungen der Preise allmälig immer mehr aufgehört, denn ein jedes Uebermaß der Nachfrage oder des Angebots wird durch den erleichterten Verkehr bald ausgeglichen. Wenn nun so die Unsicherheit des Absatzes für die Producte sich bedeutend gemindert hat, so ist dafür ein neuer, nicht weniger schlimmer Feind aufgetaucht: die Speculation. In gewisser Beziehung muß freilich jeder Wirthschaftsdirigent speculiren, und eben deshalb, weil es eine Nothwendigkeit für ihn ist, läßt sich auch die Grenze schwer ziehen, wo die Speculation für ihn zu weit geht. Der äußerste Punkt ist jedenfalls immer der, daß der Dirigent nur die Producte seines Gutes verkaufen darf, dann aber, je nachdem er es namentlich als Beamter vor seinem Herrn verantworten kann, einen Abschluß zu irgend einem Preise, welchen er für den höchst möglichen hält, mache. Ob solche Abschlüsse auf längere Zeiten und für große Lieferungen im Voraus überhaupt gut sind, bleibt immer noch fraglich. Der englische Farmer, welcher zu seinen Marktspeculationen sich sogar beständig der telegraphischen Depeschen bedient, um die Preise zu erfahren, benutzt dieselben doch nur, um den besten Augenblick zur Lieferung seiner vorräthig dastehenden Producte an Korn und Vieh für den Markt zu erkunden. Wer nicht um des momentanen Geldbedarfes willen vor der Zeit verkaufen muß, thut besser, Freud' und Leid des Marktes zu theilen, als sich auf ungewisse, in den seltensten Fällen eintreffende Conjuncturen zu verlassen. Eine weiter hinausgehende Börsenspeculation mag ein für den Stadtbewohner ertragreiches Wetten sein, ist aber für den Landmann, welcher an seine Wirthschaft gefesselt ist, unbedingt zu verwerfen. Denn wie jetzt der Weltmarkt sich über das stille Dorf breitet, so erstrecken sich auch die Zuckungen der Weltgeschichte und aller Ereignisse im politischen Leben bis in jedes Glied des ländlichen Verkehrs. Das entfernteste Ereigniß kann alle Speculationen, welche auf Größe der Erndte, Wetter und Jahreszeit vorzüglich berechnet waren, zwecklos machen, und niemand ist im Stande hier vorauszusehen, am allerwenigsten aber der Landwirth, der auf seiner Scholle wirthschaftet, und ihr vornehmlich sein Nachdenken zuwenden soll. Es gilt beim Verkehr jetzt auch oft das Wort: „Willst du immer weiter schweifen, sieh' das Gute liegt so nah." Der Dirigent stellt große Berechnungen über die

Preise der Hauptstadt an und über Lieferungen dorthin, und schließlich ist der Bedarf des nächsten Localmarktes so stark, daß der Preis auf demselben sich höher stellt, als der in der Hauptstadt. Derartige örtlich geregelte Absatzverhältnisse sich möglichst vortheilhaft zu gestalten, so daß die Unannehmlichkeiten des weiten Korntransportes gegen eine geringe Preiserniedrigung fortfallen, ist oft ein sehr lohnender Gegenstand ländlicher Speculation. Es wäre noch vieles hier über den speciellen Marktverkehr des Landwirthes zu sagen, ich glaube aber in Vorstehendem die Grundsätze, welche den Dirigenten beim Verkauf der Gutsproducte leiten sollen, nach dem Zweck dieser Schrift hinreichend dargestellt zu haben.

## § 19.

### Leitung der Arbeit.

Während bei der Fabrication in den meisten Fällen das Product in ununterbrochener Thätigkeit bis zum Punkte der Vollendung gebracht zu werden pflegt, und in dieser Geschwindigkeit der Umformung oft der ganze Vortheil beruht, so kann dies bei dem Landbau niemals stattfinden. Nach Verwendung eines bestimmten Antheils menschlicher Arbeit tritt beim Landbau wiederum die Natur als Arbeiterin ein, und erst wenn sie durch den Vegetations- oder Zersetzungsproces die organischen Gebilde weiterhin umgestaltet hat, kann neue menschliche Arbeit ihnen productiv gewidmet werden. Dieses beständige Zusammenwirken mit der Natur macht die Arbeitsdirection einer Landwirthschaft ungleich schwieriger als die eines Fabrikgeschäftes, sobald letzteres einmal eingeleitet ist, zumal die Natur trotz aller Fortschritte in der Meteorologie sich noch nicht unter die Gewalt des Menschen gebeugt hat, und nach wie vor ihren eigenen Weg geht. Wiederum hat diese Unbeugsamkeit der Natur, da wir mit Hülfe der Wissenschaft ihre Gesetze allmälig immer mehr kennen und uns darnach richten lernen, auch ihren großen Segen, und bewahrt den Landmann vor all' den extremen Ueberschreitungen, welchen wir bei der ungemessenen Concurrenz der Ideen und Erfindungen in der Fabrication, oftmals zum Nachtheil der Unternehmer, begegnen.

Die Eintheilung des dem Dirigenten zu Gebote stehenden Maßes von Arbeitskraft muß nach dem Gange der Natur selbst zuerst auf das ganze Jahr berechnet werden. Hier ist die oberste Frage: „Wie lange pflegen in einer bestimmten Localiät die Bestellungs- und Erntezeiten zu sein?“ Wie sehr dies unter demselben Breitengrade abweicht, beweisen die für den Landmann überaus wichtigen Isothermen. Je nach der Länge dieser Perioden wird sich die Anzahl der nothwendigen Handarbeiten und des Gespannviehes richten müssen, und je genauer der vorher angestellte Ueberschlag ist, mit desto weniger Hast, und desto richtiger dem Zeitpunkt nach wird jede Operation vollführt werden. Sehr große Fehler werden hierin gemacht, namentlich bei neuen Gutsübernahmen, wo der Dirigent das übernommene Gut nach dem Muster irgend eines andern, ihm in anderer vielleicht hochcultivirter Gegend bekannten bewirthschaften, dieselben Culturen mit denselben Mitteln zwingen will. Ist Gelegenheit vorhanden, Arbeitskräfte zu jeder Zeit herbeizuziehen, dann läßt sich freilich vieles mit Vortheil durchsetzen, was andern Falles der größte Wirthschaftsfehler wäre, insofern Nothwendiges über dem Nützlichen versäumt würde. Nachdem der Jahresüberschlag vom Dirigenten mit Zugrundelegung der Fruchtfolge oder angemessener Abänderung derselben bis auf die möglichste Genauigkeit für Bestimmung der in jede Periode fallenden Arbeiten gemacht ist, und darnach die in's Gesammt und periodisch ausreichende Arbeitskraft ermittelt worden, muß für zweckmäßige Ausfüllung der Lücken, wo die Kräfte überschießend sind, gesorgt werden. Hier greifen namentlich für den Winter Beschäftigungen entweder in technischen Gewerben oder Forstarbeit helfend ein, auch müssen alle Meliorationsarbeiten wo möglich in solch eine Lücke verlegt werden. Ist so das Jahr abgerundet, und gleichzeitig die Vertheilung der Arbeiten für die einzelnen Jahreszeiten regulirt, so tritt dann die Wochendisposition ein. Diese schwankt aber je nach der Jahrestemperatur außerordentlich, und kann im Voraus nie auf längere Zeit gegeben werden; weshalb auch der landwirthschaftliche Gebrauch sich stets für je wöchentliche Dispositionen entschieden hat, welche aber mit den nöthigen Ergänzungen für vorkommende Witterungsänderungen versehen sein müssen. Je nachdem nun der Dirigent mehr oder weniger speciell die Verwaltung eines Gutes leitet, wird er sich mit der Ertheilung wöchentlicher Dispositionen an seine Unterbeamten begnügen und diese ein- oder mehrmal controlliren, oder er ertheilt seine Bestimmungen täglich, wobei er natürlich für sich selbst den Voranschlag auf weiter hinaus stets bereit halten muß. Bei der Anordnung einer jeden Tagesdisposition ist das vornehmste Erforderniß, daß ein gehöriges Ineinandergreifen der verschiedenen Arbeiten stattfinde. Es ist hierzu eine Kenntniß der einzelnen Verrichtungen und Arbeitsmaße unumgänglich nöthig, sowie eine große Vertrautheit mit der Localität des Gutes. Ist sich der Dirigent in einem dieser Dinge nicht sicher, so thut er wohl, nicht zu speciell zu disponiren, sondern für's Erste seinem Unterbeamten — namentlich einem Meier, der vielleicht durch längere Gewohnheit sich einen gewissen Tact darin angeeignet hat — das Detail zu überlassen, bis er selbst durch Beobachtung den nöthigen Ueberblick gewonnen hat. Es ist höchst unerquicklich und dabei kostbar, wenn bei Erndtearbeiten, Düngerfahren u. dgl., entweder die Gespanne oder die Arbeiter auf einander warten müssen, und nicht leicht verdirbt etwas die Tagelöhner so sehr für regelmäßiges Fortarbeiten, als die Gelegenheit eines solchen intermittirenden Faullenzens. In diesem Zweige der Verwaltung zeigt es sich recht augenscheinlich, was Uebung und die glückliche Naturgabe des practischen Blickes vermögen. Während manche weniger befähigte Individuen stundenlanges Nachdenken brauchen, können andere in wenigen Minuten einen Arbeitsplan umwerfen und anders gestalten.

Das große, seit Adam Smith so vielfach beleuchtete Princip der Arbeitstheilung findet in der Landwirthschaft namentlich bei größeren Gütern ebenfalls seine ausgedehnte Anwendung; ja die Arbeitstheilung ist der Grund, weshalb kleinere Güter trotz mancher Vortheile, deren sie sich erfreuen, doch in ihren Erträgen oft wunderbar gegen große Güter zurückstehen. Daß gleichzeitig alle Operationen bei einer Erndte, z. B. der des Rapses vorgenommen werden können: das Mähen, Zusammentragen, Einfahren des Getrockneten, Ausreiten des Korns, Reinigen und zu Markte Fahren der fertigen Waare, ist für den Wirthschaftsbetrieb oft von sehr erheblichem Nutzen. — Noch tritt jetzt die Verwendung von Dampfkraft mächtig in die Arbeitsdirection auch der reinen Landwirthschaft ein. Mit ihrer Hülfe wird es möglich werden bei kurzer Bestellzeit große Strecken Landes zu pflügen und zu bebauen, während diese sonst wegen Forderung übermäßiger Gespannkraft unbebaut liegen mußten, und der Osten Europa's wird mit dem im Klima glücklicheren Westen concurriren können. Möchte uns die Anwendung des Dampfes sowohl zum Dreschen als zu anderen Operationen durch unsere polizeilichen Vorschriften nicht zu sehr erschwert werden!

## § 20.
### Arten der Arbeit.

Bei den verschiedenen Arten der Arbeit hat der Dirigent namentlich auf die Reihenfolge ihrer Wichtigkeit sowohl an sich, als für den fraglichen Augenblick zu achten. Die Wichtigkeit und Größe der Arbeit ist keineswegs ein und dasselbe. Das Offenhalten der Wasserfurchen ist eine sehr wichtige Arbeit, und doch ist sie so klein, daß sie oft vergessen wird. Ueber die Wichtigkeit einer Arbeit entscheidet in vielen Fällen der Augenblick, und wir treffen hier auf einen sehr wesentlichen Punkt in der Verwaltung. Wenn der Dirigent gewöhnt ist, speciell zu disponiren, aber zufällig abwesend ist und diesen oder jenen Fall nicht vorhersehen konnte: hat er sich tüchtige Unterbeamte herangebildet, und bei ihnen nicht bloß das Gehorchen, sondern auch das Denken gefördert, so ist er gut berathen, wo nicht, so können in wenigen Stunden Hunderte, Tausende verloren gehen. Zu dauernd wichtigen landwirthschaftlichen Arbeiten werden gewöhnlich auch eigene Personen in der Wirthschaft angestellt, welche die ganze Verantwortung dafür auf sich haben, z. B. Futterung des Gespann= und Nutzviehes, Instandhaltung der Pflüge, Wagen und übrigen Geräthe, Pünktlichkeit beim Beginnen und Schließen der Arbeitszeit, Antreiben der Pfluggewende u. dgl. mehr. Die wichtigsten Arbeiten sind immer auch nothwendige (Conservations=arbeiten) nur in größerem oder geringerem Grade. Ihnen folgen dann in Wichtigkeit die nützlichen (Meliorationsarbeiten), zu denen ein tüchtiger Dirigent niemals langsam im Besinnen sein muß, sobald freie Arbeitskräfte vorhanden sind. Er darf aber solche Arbeiten auch nicht mit Liebhaberei festhalten, sobald eine dringendere Operation sich einstellt. — Nach der Masse von Kräften, welche zu einer Arbeit verlangt wird, unterscheidet man letztere in große und kleine, Haupt= und Nebenarbeiten. Hierbei ist die beachtenswertheste Regel für den Dirigenten, daß er die Hauptarbeiten mit allen ihm zu Gebote stehenden Kräften systematisch nach einander in Angriff nehme, und nicht mehrere Hauptarbeiten zugleich beginne, zumal an verschiedenen Stellen der Feldmark. Die Sucht und Eitelkeit, der Erste in der Gegend zu sein, der mit dieser oder jener Verrichtung zu Ende ist, veranlaßt hier oft zu einer großen Hast und Unruhe, welche entweder der Grund zu einer flüchtigen Vollführung der Arbeit wird, oder wohl gar, wenn es ein auf's Wetter gegründetes Hazardspiel war, zum pecuniären Schaden und zum Spott der Nachbarn in einer trostlosen Nachzügelei endet. Je größer und zerstreut liegender die Feldmark ist, desto wichtiger ist schon um der Inspection willen die beständige Sammlung der Arbeitskräfte an einzelnen Hauptpunkten oder in der Nähe derselben. Je höher freilich die Stufe der Moralität ist, auf welcher sich die Arbeiter befinden, desto mehr rechtfertigt sich die Vereinzelung derselben, wo die Arbeit eben der Art ist, daß sie von Einzelnen verrichtet werden kann. Wie eine fest geordnete Ausführung der Hauptarbeit das Zeichen eines energischen Dirigenten ist, so ist die Rücksichtnahme auf die Nebenarbeiten, und ihre womöglich gelegentliche, wenig zeitraubende Vollführung das Zeugniß eines sorgfältigen Dirigenten. Beide Eigenschaften sind nicht immer beisammen, weil sie in einem gewissen Gegensatze des Temperaments zu einander stehen, und sich also nicht gut in einem Individuum vereinigen. Wer seine Schwäche kennt, muß mit allen Hülfsmitteln dagegen ankämpfen. Das Taschenbuch ist auch hier als beständiger Erinnerer ein nützlicher Begleiter. Namentlich verdienen darin die gelegentlichen Verrichtungen, als da sind Ordnungsarbeiten auf dem Hofe, in der Scheuer, Steine sammeln, fahren und sprengen, Wege bessern, Gräben machen und repariren u. dgl. mehr eingetragen zu werden; auch solche Arbeiten, welche nur Gegenstand für eine Tagesdisposition sind, wo z. B. an einer Stelle gepflügt wird, in deren Nähe diese oder jene Furche noch zu ziehen ist, wo auf dem Rückwege bei größerer Entfernung eine Kleinigkeit gethan oder mitgenommen werden kann, die sonst eine besondere Absendung von Leuten und Gespann erfordert hätte. Es ließen sich hier noch eine Menge einzelner Beispiele anführen oder Regeln aufstellen, ich glaube aber für unsern Zweck nicht auf die Operationen selbst weiter eingehen zu dürfen, sondern beschränke mich eben auf das rein Administrative. Die Eintragung der täglichen Arbeiten und ihre Vertheilung in ein besonderes Journal ist in jeder größeren Wirthschaft rathsam; schon um der Ordnung und der Möglichkeit des Nachsehens willen ist es gut, unumgänglich aber zum Zweck eines richtigen Jahresabschlusses. Da ein Tagelöhnerregister jedenfalls geführt werden muß, schon zum Zweck der Löhnung, so kann die weitere Aufzeichnung der Arbeitsvertheilung von dem betreffenden Oeconomen geschehen, welcher in der Regel das Tagebuch unter sich hat. Es dürfte dies sogar recht zu seinem Nutzen und zu seiner landwirthschaftlichen Erziehung dienen, nur muß er die erste Aufzeichnung so einfach wie möglich machen, und erst am Ende der Woche dann eine Addition und tabellarische Zusammenstellung nach Angabe des Dirigenten vornehmen. Wo eine Tantieme jährlich auszuwerfen ist, werden nicht nur die in baarem Gelde, sondern auch die in Form der Arbeitsleistung angelegten Capitalien, wozu die vielen gelegentlichen Meliorationsarbeiten gehören, jedenfalls aufgezeichnet werden müssen.

## § 21.
### Der Arbeitslohn.

Wenn von mehreren Seiten her die Behauptung aufgestellt wird, daß der große Landbau dadurch sehr gelitten habe, daß Naturaldienste und Prästationen der Unterthanen aufgehört hätten, zwar die Vorfahren eine Entschädigung dafür bekommen, der jetzige Besitzer aber um so mehr benachtheiligt sei durch die fortwährende Beschaffung des baaren Geldes zu Löhnen, so läßt sich dies in gewisser Beziehung rechtfertigen. An all' solchen, der Cultur ferner liegenden Stellen, wo Geld schwer zu haben ist, wo die Preise des Getreides und Viehes sehr schwanken, hat es oft seine große Last, die nöthigen Baareinnahmen zu beschaffen und verlangt auch zuweilen bedeutende Opfer. Aber hier liegt es ja in der Hand des Arbeitsgebers, seine Leute so zu stellen, daß sie solche Emolumente, welche sie zum Lebensunterhalt brauchen, und welche das Gut hervorbringt, direct als Gutsproduct statt des Lohnes empfangen; und es liegt selbst nicht in der Unmöglichkeit, Spanndienste sich auf solche Weise zu verschaffen. Aus diesem Grunde also braucht nie ein vom sittlichen Standpunkt stets verwerfliches Hörigkeitsverhältniß festgehalten zu werden, nur daß man den richtigen Grundgedanken, der bei Bildung des Servituts in grauer Vorzeit obgewaltet und für beide Theile zweckentsprechend war, jetzt durch ein contractliches, auf freier Gegenseitigkeit beruhendes, und daher nach den Zeitumständen zu lösendes Verhältniß realisiren muß. Hierzu bietet sich namentlich das Arbeiten gegen eine bestimmte Naturalquote als Antheil dar, welches selbst in cultivirten, geldreichen Gegenden eine vortreffliche Einrichtung für beide contrahirende Theile sein kann. Das Heuwerben, sowohl auf dem Felde, als namentlich auf sehr entlegenen, von dem Dirigenten schwer zu controllirenden Wiesen pflegt um Antheil von Arbeitern zweckmäßig ausgeführt zu werden. Die Erfahrung lehrt, daß die Sicherheit, gute Waare zu bekommen, dadurch größer ist, und falls die Wirthschaft etwa des Heues noch mehr bedarf als der ausbedungene Antheil beträgt, so kann der Dirigent mit den Arbeitern sich vorher schon um einen Preis einigen, zu welchem er ihnen dasjenige abkauft, dessen sie nicht unmittelbar benöthigt sind. Aber auch die übrigen Erndteoperationen, auch Torfstecharbeiten oder dgl. lassen sich gegen Antheil, wo es überhaupt nach der Localität gerathen ist, ohne viel Mühe ausführen; auch werden fremde Arbeiter durch Bewilligung von Acker und einem demgemäß geringeren Baarlohn oft leicht herbeigezogen, des allgemein üblichen Dreschens um Antheil gar nicht zu erwähnen.

Die Baarlöhnung geschieht nun entweder nach der Zeit (Tagelohn) oder nach dem Quantum der Arbeit (Accord, Verding). Der Tagelohn ist die allgemein in cultivirten und uncultivirten Ländern, bei guten und schlechten Arbeitern übliche Methode, nur daß bei letzteren das Aufsichtspersonal bedeutend sein muß, und also diese Arbeitsweise sehr vertheuert. Wiederum pflegen stumpfe und an schlechte Haltung gewöhnte Tagelöhner auch keinen Sinn für Mehrverdienst zu haben, wenn sie deshalb mehr arbeiten sollen, und viele Dirigenten, welche in solchen Gegenden Accordarbeiten einführen wollten, sind wieder davon zurückgekommen. Wenn nun auch manche Arbeiten der Art sind, daß es unmöglich ist, sie im Accord auszuführen, so kann diese Methode doch noch viel weiter ausgedehnt werden, als es bei uns in den meisten Gegenden üblich ist. England, wo der Tagelöhner kaum fleißiger bei Accordlohn ist, als selbst ohne Aufsicht bei Tagelohn, geht uns trotz dem auch hier wegweisend voran. Es ist dort mehr um einer größeren Freiheit und Behaglichkeit willen, daß diese Lohnart gewählt wird, sowohl für Farmer als Arbeiter. Letzterer ist dann mehr Herr seiner Zeit, kann sich nach dem Wetter richten, und die Sache leidet deshalb doch nicht. Die Erndtearbeit, das Mähen, Binden, Trocknen, Einfahren, in Miethen Setzen wird alles zusammen in einen einzigen nach der Gegend feststehenden Accord gegeben. — Wo man Accordlöhne einführt, sei es mit neuen Operationen zugleich, sei es daß man bekannte nur in Verding giebt, ist namentlich seitens des Dirigenten eine gewisse kurze Entschiedenheit erforderlich. Er darf nicht lange erst probiren und zaudern, wenigstens nicht so, daß die Leute es merken, sonst arbeiten sie lässig, um ihn zu einem hohen Accordsatz zu drängen. Lassen sich nicht durch Analogien oder aus Büchern Accordsätze ermitteln, so bleibt oft nichts übrig, als daß der Dirigent persönlich einen einzelnen zuverlässigen Arbeiter Probe arbeiten läßt, oder gar selbst Hand anlegt an einer Stelle und zu einer Zeit, wo er nicht weiter beobachtet werden kann. Die Unentschlossenheit mancher Landwirthe geht darin aber oft so weit, daß sie z. B. den Tagelöhnern sagen: „ihr arbeitet in Accord," und doch erst den Accord nach gethaner Arbeit feststellen, was natürlich bewirkt, daß selbst gute Arbeiter zu schlechten werden. Fest und bestimmt einen Accordsatz den Leuten setzen, freilich lieber etwas zu niedrig als zu hoch greifen — denn zum niedrigen kann man zulegen, den hohen aber nicht gut herabsetzen, ohne die Leute verdrossen zu machen — zu Anfang einer Operation, wenn sie früher noch nicht üblich war, den Fleiß scharf controlliren, um den Einwänden gegen das Bewilligte zu begegnen, und vor allen Dingen dem fleißigen Arbeiter seinen höheren Verdienst mit Freuden gönnen, das ist der Weg, um zu einem geregelten gegenseitig zufriedenstellenden Lohnsatze zu kommen.

Ueber die Nothwendigkeit, in kürzeren, am besten wöchentlichen Abschnitten mit den Tagelöhnern Abrechnung zu halten, habe ich schon oben gesprochen. Ich erwähne hier nur noch eines Mittels, welches in vielen Fällen besser wirkt, als Tadel und Scheltworte oder Strafe, nämlich der Prämien für gute Arbeitsleistung. Dies Mittel ist namentlich bei den Frauen ein wohl angebrachtes, sie pflegen an einem kleinen Geschenke, Tuch, Schürze oder dgl., wenn sie dasselbe als Auszeichnung empfangen haben, eine große Freude zu empfinden; der Wetteifer in der Arbeit gewinnt hierbei den Character der Fröhlichkeit, und ein fröhlicher Mensch arbeitet stets mehr als ein verdrossener. Aus diesem Grunde muß man sich auch des zu vielen Eingreifens in die ortsüblichen Arbeitsmethoden enthalten, wenn sie nicht geradezu nachtheilig sein sollten. Andere Leute, andere Sitten, und an der Gewohnheit hängt der Mensch nun einmal in seinen Freuden, Arbeiten, sogar seinen Leiden.

Das vorzüglichste Buch, welches die deutsche Literatur über den ländlichen Arbeitslohn nachweist, hat v. Thünen verfaßt. (Der naturgemäße Arbeitslohn und dessen Verhältniß zum Zinsfuß und zur Landrente von Johann Heinrich v. Thünen auf Tellow in Mecklenburg. Rostock 1850. Verlag von G. B. Leopold.) Thünen weist daselbst in Bezug des Arbeitslohnes nach, daß wenn dessen factische Höhe auch das Ergebniß von Angebot und Nachfrage sei, doch sein naturgemäßer Standpunkt nicht auf diese schwankenden Factoren, und das noch größere Schwanken ihres Verhaltens zu einander begründet sei. Er begründet im Gegentheil die Höhe des naturgemäßen Arbeitslohnes auf den Antheil am Arbeitsproduct, welcher dem Arbeiter selbst rechtmäßiger Weise zukomme. Die Ermittelung dieses Antheiles ist nun der Gegenstand von Thünen's scharfsinnigen Untersuchungen, bei denen er zugleich die weltbewegenden Ideen, welche in den Kämpfen um den Arbeitslohn zu Tage getreten sind, die Härten des Adam Smith'schen Systems und die Irrlehren des Socialismus mit wunderbarer Gedankenschärfe herausstellt, und doch nur die einfachen Data seines Gutes Tellow zu Grunde legt. Möchte doch dieses tief durchdachte Werk von den Landwirthen, namentlich den Dirigenten großer Güter, eines genaueren Studiums als bisher gewürdigt werden.

## § 22.

### Der Sonntag.

Wie gehört der Sonntag zur Wirthschaftsdirection? Nun, wenn auch nicht positiv, so gehört er wenigstens negativ dazu, indem am Sonntage die Direction ruhen soll. Ruhen? — Der Sonntag ist ja ein so nützlicher Tag zum Lohnauszahlen, Deputatgetreide herausgeben, Lohn- und Wirthschaftsbücher in Ordnung bringen, Pferde schwemmen und beschlagen lassen, Pflugeisen schärfen, Schiff- und Geschirr repariren; und wie sollte ohne den Sonntag der Tagelöhner seine Kartoffeln legen, behacken, erndten und eingefahren bekommen? Wann sollte denn die arme Tagelöhnerfrau backen, waschen, die dürftigen Kleider repariren oder zur Stadt gehen zum Einkauf — und der Krüger will doch auch leben! Dies alles gilt noch nicht für Sonntagsentheiligung bei einem christlichen Volke, denn es geschieht sonntäglich an tausenden von Orten, ungerechnet die Sommer-Sonntage, wo an vielen Orten noch außerdem von früh bis spät geerndtet und eingefahren wird, Schafe gewaschen und geschoren werden; ungerechnet die vielen Sonntage, wo die Wirthschaft zwar ruht, geräuschvoll gesellige Vergnügungen aber desto öfter die schöne Sonntagsruhe im Innern des Hauses stören. Warum bringt denn der Jude, dem im Allgemeinen doch nicht eine große Entsagung bei Geldverdienst Schuld gegeben werden kann, Sonnabends kein Pferd auf den Markt, und warum heißt ihn Sonntags der Christ zum Handel willkommen? Oder ist das Einfahren am Sonntage erlaubt, wenn man's dem Ortsgeistlichen angezeigt hat? Kann der Geistliche mich dispensiren, wenn mein Gewissen mich nicht dispensirt? — Es giebt landwirthschaftliche Arbeiten, welche auch am Sonntage nicht unterbleiben sollen, das sind diejenigen, welche in der Bestimmung enthalten sind: „Ochs und Esel zur Tränke führen." Das Vieh muß sein Futter, sein reichlicheres Futter als am Alltage erhalten, weil es Muße zum Fressen hat. Der Mensch soll nicht schlechter, sondern besser leben am Sonntage als am Alltage; Nothdurft, Nahrung und ein fröhliches Herz soll der Mensch am Sonntage haben, und letzteres wird er nicht durch alle nur erdenklichen Vergnügungen erlangen, sondern dadurch, daß er dem kurzen Gebote in aller Einfachheit nachlebt: „Du sollst den Feiertag heiligen." Und ist doch nicht der Mensch um des Sonntags willen da, sondern der Sonntag um des Menschen willen; denn gerade darin besteht die Freiheit des Christen, daß aus seiner inneren Durchbildung heraus auch seine Sonntagsfeier hervorgehen soll, daß er stets nach seiner Gewissensstellung, niemals als Heuchler einer bestimmten Form dazustehen braucht. So möge es auch ein Jeder mit sich selbst abmachen, in wie weit er dies oder jenes für eine richtige Heiligung des Sonntags hält: das Recht hat aber Niemand über einen andern Menschen, dem er befiehlt, und wenn es sein Sklave wäre, daß er ihm den Sonntag verkümmert; äußerlich freilich ist das Recht vorhanden, innerlich nimmermehr. Ueberhaupt muß ein jeder Herrschende, auch der Wirthschaftsdirigent, sich am Sonntage des Befehlens möglichst enthalten, es ist nicht sein Tag, sondern der eines höheren Herren. Deshalb ist es eine ebenso traurige Verirrung, die Tagelöhner durch allerlei Mittel, denen sie sich fügen müssen, in die Kirche zu treiben; dies erzeugt eine Heuchelei und Scheinheiligkeit, welche eben so schlimm ist als die Verachtung des Heiligen. Was zur äußeren Sonntagsordnung gehört, muß, wenn es nicht anders sein kann, mit polizeilicher Strenge aufrecht erhalten werden, äußere Hindernisse der richtigen Heiligung müssen mit allen Kräften hinweg geräumt werden, der Weg zur Kirche muß frei sein, eine freundliche Ermahnung denselben zu gehen ist recht, der Einzelne muß so viel als möglich Herr seiner Zeit sein: weiter sollte der Gebietende gegen den Untergebenen in der Regel nicht gehen, sonst wird es leicht Gewissenszwang, und der ist verderblich.

Es ist hier nicht der Ort, einzelne Verhaltungsmaßregeln über die Sonntagsfeier aufzuzeichnen; bei redlichem Willen aber wird trotz mancher Ungunst der Verhältnisse eine richtige Sonntagsheiligung allmälig überall zu erreichen sein. Es müssen nur die einzelnen Arbeiten, namentlich bei den technischen Gewerben, gehörig in dieser Absicht durchdacht werden, und der Dirigent muß es nicht verschmähen, sich recht von Herzen in die Lage des Tagelöhners hineinzudenken: dann wird er manches sonst unübersteiglich scheinende Hinderniß beseitigen. Geht uns doch das so eng mit dem Landbau verwandte Productionsgewerbe des Bergbaues mit so vortrefflichem Beispiel voran. Daß der Arbeiter beim Bergbau meistentheils am Sonnabend durch früheren Beginn der Arbeitszeit, und Verwendung der Mittagsstunde dazu, fast die Hälfte dieses Tages für sich gewinnt, ist ein ganz wesentliches Moment für die Sonntagsheiligung. Auch zeigt es sich in der im Ganzen größeren Religiosität und Rechtschaffenheit der Bergleute, daß der Segen nicht ausbleibt.

Es sind keine Phantasieträume, welche ich hier vorhalte.

England steht in Bezug der ländlichen Bevölkerung sehr hoch in der Sonntagsfeier. Und wenn auch viel Pedanterie dabei ist, so sind doch die wesentlichen Bedingungen für jeden Einzelnen, auch den geringsten Tagelöhner, äußerlich gegeben, daß er frei nach seinem Gewissen handeln kann, ohne durch äußere Noth, Sorge oder Zwang in seinem Entschluß bestimmt zu werden. Und wie schön ist nach redlich durchgearbeiteten sechs Tagen für den Herrn, den Beamten und den Knecht die Ruhe und der Friede eines Sonntags! wie wohlthuend die Stille auf dem Hofe, das verschlossene Hofthor, das behagliche Strecken und Dehnen des Viehes, das sich auch seines Feiertags freut, wie schön ist die Muße für allerlei geistige Erquickung nach der Unruhe der mühsamen Wochentage! Wie anders auch ist der Montag in einer Wirthschaft, wo regelrecht Sonntag gehalten wird, als da, wo zur Versüßung der geforderten Sonntagsarbeit der Branntwein als Trost des Abends und die Nacht hindurch dienen muß, und die Knechte mit Prügeln des Montag Morgens unter den Wagen hervor und aus den Ställen zum Anspannen — denn zum Futtern der Pferde waren sie noch unfähig — geschleppt werden müssen!

Freilich versteht nur derjenige den Ruhetag, der überhaupt arbeitet, und vielleicht mag die Sonntagsscheu mancher Menschen auch darin ihren Grund finden, daß ihnen am Alltage die Arbeit mangelt; solche sind freilich nicht zu überzeugen, weder von der äußeren noch von der inneren Nothwendigkeit des Sonntags — es geht über ihre Fassungskraft hinaus.

## § 23.

### Der Hof und die Hofordnung.

Der Wirthschaftshof ist derjenige Punkt des Gutes, an welchem im Allgemeinen der Dirigent nebst seinen Unterbeamten, Meier und Knechten seinen Wohnsitz hat, wo das Gespann- und Nutzvieh aufgestellt ist, wo die Scheuern, die Schirrkammer, zuweilen auch die Schmiede stehen. Je nach der Ausdehnung des Gutes drängen sich alle diese Einzelheiten an einer Stelle zusammen, oder vertheilen sich auf mehrere Vorwerke über das ganze Areal. Der Dirigent, wie wir ihn hier vor uns haben, findet den Hof als solchen mit seinen mehr oder minder zweckmäßigen Gebäuden vor; seine Sache ist es, sich den Räumlichkeiten mit seiner Disposition anzuschließen, die Baulichkeiten in Stand zu halten und zu repariren; nicht etwa zu klagen und zu murren über dies und jenes, welches ihm mißfällt. Gebäude mögen recht schlecht aussehen, sie können noch durch zweckmäßige Reparaturen, neue Schwellen, massives Unterfahren, Umdecken, Jahre lang erhalten werden, wenn es Noth hat, und Noth muß es beim Dirigenten als dem nur auf Reinertrag Sehenden stets haben. Gebäude liefern einmal keinen Reinertrag; so lange also nur die Menschen, das Vieh, die Vorräthe nicht wirklich leiden und die Reparatur schließlich nicht kostbarer als ein Neubau wird, muß das Vorhandene bestehen bleiben und in möglichster Ordnung erhalten werden. Im Uebrigen habe ich bezüglich der Stellung des Dirigenten zu den Bauten im § 17 bei Gelegenheit der Capitalsanlagen gesprochen.

Eine volle Freiheit und Verantwortung für die Disposition aber hat der Dirigent in Betreff der Hofordnung. „Am Hofe erkennt man den Wirth," sagt ein altes, nicht unebenes Sprüchwort; ein Blick auf den Hof sagt dem Beschauer allerdings oft viel. Der Düngerhaufen, als das Centrum des Hofes und der Wirthschaft, an der tiefsten Stelle, wo sich das Regenwasser von den Dächern und dem Platz sammelt, der Mist unregelmäßig über einander gethürmt, bald groteske Felsen, bald Schluchten bildend; die Wagen, theils die Deichsel, theils die Hinterräder, theils das Querprofil als Gesichtspunkt bietend; das Schirrholz einer zerstörten Festung gleichend; die Pflüge und Eggen von Melde und Stechapfel umgrünt: das redet lauter als die antikſten Wirthschaftsgebäude von den Tugenden des Wirthes. Die Hofordnung kann nicht leicht zu pedantisch sein, und oftmals wird es von Unterbeamten mit großem Unrecht als eine Laune des Dirigenten betrachtet, wenn er bis auf die unbedeutendste Kleinigkeit mit Strenge die Erfüllung der vorgeschriebenen

Ordnung verlangt. Freilich ist auch nicht leicht etwas unzweckmäßiger, trotzdem es oft geschieht, als zu Aufsehern der Ordnung Solche zu stellen, welche nicht wissen, worauf es ankommt, und selbst erst Ordnung lernen sollen. Am meisten Verlaß ist hierbei immer auf einen in der Nähe des Hofes wohnenden Meier, welcher für alle Inventariumsgegenstände verantwortlich ist, sie den Knechten und Tagelöhnern zur jedesmaligen Arbeit übergiebt und von dem Einzelnen zurückverlangt, auch das Recht hat, die sofortigen Reprimanden zu ertheilen, wenn ein Stück ohne Veranlassung beschädigt worden. Ein auf dem Lande geborner Stellmacher pflegt hierzu der beste Handwerker zu sein, und außerdem stets Arbeit genug in der Wirthschaft zu finden.

Wir kommen hiermit in die Schirrkammer, der Werkstätte des todten Inventariums; sie darf nie vernachlässigt werden. Gutes, trocknes, zu rechter Zeit abgeborktes Schirrholz, krumm oder gerade gewachsen, je nach den Zwecken kurz oder lang geschnitten, sorgfältig vor dem Stocken bewahrt, muß dem tüchtigen Wirth niemals ausgehen, liefere es nun die eigne Forst, oder müsse es auf Auctionen gekauft werden. Dafür darf der Dirigent aber auch stets zur Arbeit fertige Geräthschaften von dem Scharwerker fordern, welche nicht erst zur Zeit des Anspannens reparirt zu werden brauchen, oder gar auf dem Felde mitten in der Arbeit den Dienst versagen. Schon vor drittehalb tausend Jahren stellt der Grieche Hesiod dies als Regel auf, und noch heute haben wir täglich darüber zu wachen, daß sie erfüllt werde.

An den Scharwerker, der auch den Hofglaser vertreten kann, schließen sich der Schmied, der Sattler, der Seiler, und bei technischen Gewerben noch der Böttcher, Kupferschmied und Maschinenbauer als Handwerker an. Die Contracte, welche mit diesen verschiedenen Hülfsarbeitern gemacht werden, müssen namentlich dafür Sicherheit gewähren, daß nicht fortwährend neue Gegenstände für nöthig befunden werden. „Wirthschaften" ist nach dem treffenden Ausdruck eines märkischen Landedelmannes „immer wieder ganz machen," das Neue wird auch alt und dann bald verworfen. Man gewähre dem Handwerker selbst einen kleinen

Vortheil bei der Erhaltung und Reparirung des Alten, verpflichte ihn aber dabei, es fest und solid zu erhalten; so wird man mit den wenigsten Ausgaben zum Ziele gelangen. Sehr zu empfehlen ist es, daß man die einzelnen Theile der Geräthe in größerer Anzahl vorräthig habe, damit nicht jede Kleinigkeit sofort reparirt zu werden brauche, sondern die Reparaturen vieler Stücke auf einmal hinter einander, namentlich vom Schmied und Stellmacher, gemacht werden können, es sind alsdann weniger Zurüstungen von Nöthen, und die Reparaturen kommen billiger in dieser Pauscharbeit zu stehen. Bezüglich der Lieferung des Rohmaterials, namentlich des Eisens, so pflegt man es bald dem Schmied zu- und zurückzuwägen, bald muß dieser es gegen einen accordirten Preis in bestimmter Güte selbst besorgen; es wird letztere Weise in der Regel die einfachste sein.

Noch erwähne ich bei dem Hofe eines der Wirthschaft als solcher oft störenden und doch so nothwendigen Gefährten, des Haushaltes, an welchen sich der Garten schließt. Die Sorge für den Haushalt — welcher doch nicht nur die materielle Pflege der Beamten und Knechte mit weiser Sparsamkeit bestreiten soll, sondern auch nach der Gemüthsseite hin ein wesentliches Erforderniß für Ordnung und Sitte bildet, und deshalb in seinem zwar kleinen Bezirk doch eine gleiche Ueberlegung in der Führung wie die große Wirthschaft verlangt — erscheint dem Dirigenten, als dem Herrscher über Großes, zuweilen kleinlich und unnöthig; zumal wenn er seine Disposition getroffen hat und dann noch ein Gespann zum Herbeischaffen von Wasser, Holz, Sand und Mehl, oder Frauen zu häuslichen Verrichtungen abgeben soll. Der Unterbeamte, durch den nun auch noch diese Dispositionen gehen, pflegt ebenfalls in der Mehrheit der Fälle zu meinen: „für den Haushalt ist alles gut genug.“ So bildet sich allmälig eine immer größere und dem Ganzen nachtheilige Feindschaft zwischen diesen Ressorts, welcher so leicht durch eine gegenseitige Rücksichtnahme auf einander vorgebeugt werden kann und muß.

Ein ähnliches Verhältniß findet mit dem Garten statt. Ist

derselbe so groß, daß er die Anstellung eines besonderen Gärtners verlohnt, welcher außer der Besorgung der Luxusanlagen — die uns hier beim Gewerbe nicht näher angehen — Früchte zum Verkauf nach außen hin zieht, so pflegt der Garten von der Wirthschaft ganz getrennt zu sein, und kann unter Umständen, in der Nähe großer Städte einen erheblichen Reinertrag abliefern. Anders aber ist es, wenn der ländliche Garten klein und nur für den Hausbedarf vorhanden ist. Er pflegt dann als Lückenbüßer zu dienen, die Krüppel als Arbeiter zugewiesen zu erhalten, wird stets wegen hoher Anforderungen getadelt und soll doch Haus und Hof speisen. Freilich würden oft wenige in richtiger Reihenfolge und mit zweckentsprechender Weise bestellte Gemüsebeete und einige gut gepflegte Obstbäume gewöhnlicher Sorte dazu ausreichen und alle übrigen Kosten gespart werden können.

## § 24.

### Der Acker.

Woher kommt es, daß wir manche kleine Güter, deren Herren es weder an Capital noch an Zeit mangelt, unsorgfältig beackert, voller Quecken und Rainbalken finden, während nebenan bei großen Herrschaften Tausende von Morgen mit äußerster Subtilität und Genauigkeit bestellt sind, und bis auf die Quadratruthe rein von Unkraut erfunden werden? Bei dem ersteren Gute läuft und reitet vielleicht der Dirigent in großer Emsigkeit täglich drei-, viermal über verqueckte Stellen, ärgert sich auch darüber und vermag doch diese immer wiederkehrende Plage nicht dauernd abzustellen; bei dem großen Complexus kommt der Dirigent alle Monat ein Mal oder noch viel seltener auf einen Schlag, überblickt ihn mit scheinbarem Phlegma und die ganze Ackerung geht doch in Ordnung vor sich.

Diese Ordnung, und zwar in Bestellung, Düngung, Saat, Erndte erhalten, ist in Bezug des Ackers die Aufgabe des Dirigenten. Wir überlassen die Entwickelung des Lehrbegriffs der Ackerung nach ihrem technischen und agronomischen Verständniß den Lehrbüchern über die Agricultur und Agronomie, und begnügen uns für unsern vorliegenden Zweck der Verwaltung damit: die Mittel vorzuführen, welche dienen sollen, um solche Ordnung, wie die erwähnte herzustellen und aufrecht zu erhalten.

Das erste Erforderniß, welches der Acker an den Dirigenten stellt, ist, daß er seine Natur, Güte, Neigung zu dieser oder jener Eigenthümlichkeit kennen lerne. Hierbei soll der Schatz practischer und theoretischer Erfahrung, welchen der Landwirth gesammelt hat, sich bewähren, denn es ist die rechte Würdigung des Bodens ein Gegenstand, welcher jahrelange Uebung selbst bei glücklicher Begabung erfordert. Ohne mit verschiedenen Bodenarten und ihrem natürlichen Widerstreben gegen die Cultur practisch gekämpft zu haben, kann eine solche Uebung überhaupt nicht erworben werden. Um so wunderbarer ist daher die Genialität, mit welcher Anfänger in der Landwirthschaft über den Ackerboden, seine Güte und Behandlung zu urtheilen wissen — freilich auch um so natürlicher der empfindliche pecuniäre Schaden, welchen die kurze Freude oftmals nach sich zieht. Selbst geübtere Landwirthe, welche sich bei Besichtigung des Bodens nur auf Auge und Gefühl verlassen haben, sind in großen Irrthum gerathen, namentlich bei schwarzen und feuchten Bodenarten, welche die größten Schwierigkeiten für die Diagnose darbieten. Es müssen zur Beurtheilung des Ackers keine Hülfsmittel von einem Dirigenten, namentlich sobald derselbe ein neues Gut in Bewirthschaftung genommen, verschmäht werden; er muß selbst von seinen Untergebenen lernen und die Tradition der Ortsbewohner, alte Bestellpläne und Dreschregister, falls solche über einzelne Felder vorhanden, herbei suchen. Ist die Bodenkenntniß erworben, dann muß mit dem Entwurf der Fruchtfolge unter Berücksichtigung der anderweiten Gutsverhältnisse nach Lage und Absatz vorgegangen werden, und nächstdem mit der Eintheilung des Ackers in bestimmte, fest zu vermessende Abtheilungen und Schläge. Es ist hier der Endzweck der Wirthschaft, der Hochpunkt, auf welchen sie mit allmälig vermehrten Capitalsanlagen ihrer Grundsubstanz nach gebracht werden kann, von dem Dirigenten scharf im Auge zu behalten und danach in der Regel eine anfänglich schonende Fruchtfolge mit Weiderevieren einzurichten, welche einer späteren Fruchtwechselwirthschaft vorarbeitet. Die Lage der Schläge darf nie von dem Feldmesser, sondern muß stets von dem Dirigenten bestimmt werden, und zwar mit Rücksichtnahme auf die Lage des Hofes, die Flächenausdehnung, Berge und Thäler, des Terrains, auf neu zu gründende Vorwerke und namentlich auf den Weidegang des Viehes, daß dasselbe nicht durch unnöthig weite und beschwerliche Triften bis zum Weideplatz hin ermüdet werde. Die Morgenzahl der Schläge aber muß vom Geometer genau festgestellt, und wo möglich sollten noch kleinere Abschnitte in den Schlägen der Größe nach irgend wie (z. B. durch Bäume) bezeichnet werden, denn nur auf diese genaue mathematische Grundlage lassen sich richtige Beobachtungen und Berechnungen und auch Accordsätze mit den Tagelöhnern festsetzen.

Nun gilt es, die Pflugfurchen durch die ganze Rotation des Feldsystems zu berechnen und zu ordnen, nach Zeit und Tiefe mit Pflug und Haken, desgleichen die Eggenstriche, die Hülfsarbeiten mit den Grubbern, Walzen und Hackinstrumenten. Der Dirigent eines größeren Gutscomplexes wird immer gut thun, seinen Unterbeamten allgemeine feststehende Regeln hierbei vorzuschreiben, und für jedes Gut eine solche Ordnung als Instruction nieder zu legen. An Ausnahmen wird es in keinem Jahre mangeln, namentlich bei schwerem, thonigem und nur im Zustand mittlerer Feuchtigkeit zu zwingendem Boden,- doch werfen diese Ausnahmen die Regel nicht um. Nur durch solche allgemeine Anordnungen ist es möglich, jene oben erwähnte Sorgfalt bis ins Kleinste zu erreichen und vom Unterbeamten zu verlangen, wobei natürlich eine scharfe Controlle auch über die richtige und gute Ausführung aller einzelnen Verrichtungen (vor allen des Pflügens mit horizontaler Sohle!) hinzutreten muß.

Die zu düngenden Schläge gehen aus der Fruchtfolge hervor, die sorgfältige Ausführung der Düngung selbst ist Sache des Unterbeamten, auch das Gesammtquantum des Düngers, womit gereicht werden muß, ist ein festes Maß nach Einstreu und Fütterung; aber in der Stärke der Düngung nach den einzelnen Stellen wird der Dirigent doch fast in jedem Schlage Aenderungen vornehmen, je nach dem Zwecke einer zu erhöhenden Cultur; desgleichen wird die Beschaffung künstlicher Dungmittel, wo sie am Platze sind, seine jedesmalige Aufgabe sein. Bezüglich der Saat, so ist die Anordnung für Stärke der Einsaat, Zeit und Methode derselben, ganz Sache des Dirigenten, ebenso der Beginn und Accord der Erndte; die Ausführung wird er nur im Ganzen beaufsichtigen können. Die Einscheuerung je nach den Tennen oder das Aufbewahren in Feimen, die Einmietung der Hackfrüchte fallen ebenfalls in das Bereich der Verantwortlichkeit des Dirigenten. Hier muß er seine festen Bestimmungen geben, und trägt sowohl das Verdienst der guten Erhaltung der Früchte als die Schuld für das Verderben derselben, falls er mit der gehörigen Controlle seine Befehle verfolgt hat.

Alle Meliorationsarbeiten auf dem Acker und zum Zweck der Cultur desselben muß ein Dirigent selbst zu leiten im Stande sein, wenn er auch diese Leitung nicht immer wirklich selbst ausführt, z. B. Nivellements entwerfen zu Drainirungen, Grabenarbeiten, Verwallungen, Berieselungen; auch selbst wenn er Techniker zu Rathe zieht, darf ihm doch nicht das Verständniß zur Ausführung dieser Verrichtungen fehlen, und er muß sie zu lernen suchen, falls dieselben auf seiner Scholle unternommen werden müssen, damit er nicht in Abhängigkeit von seinen gelehrteren Untergebenen gerathe.

## § 25.

### Die Wiesen und Gewässer.

Die Verwaltung der Wiesen eines Gutes kann eine sehr einfache und eine sehr complicirte sein. Ersteres ist sie in dem Falle, wo die Wiesen natürliche sind, welche weder gedüngt noch irgend wie bearbeitet und fast gar nicht gepflegt zu werden brauchen und doch einen für den Zuschnitt des Gutes genügenden Ertrag gewähren. Liegen sie noch außerdem nahe dem Wirthschaftshofe, als Feld- und Bachwiesen, so erhöht diese Lage durch die sehr erleichterte Administration und billigen Transportkosten, gegenüber entfernter liegenden Flußwiesen, ihren Werth noch erheblich. Freilich wird auch derartigen ganz einfachen, vielleicht jährlich einmal im Frühjahr regelmäßig überstauten Stromwiesen durch Düngung, periodischen Umbruch und Erneuerung der Grasnarbe in vielen Fällen bedeutend aufgeholfen werden können, und eine richtige Beurtheilungsfähigkeit, ob eine solche Capitalsanlage in Form von Dünger, Arbeit oder Geld für den bestimmten Fall angebracht sei, wird vollständig Aufgabe des Dirigenten sein. In Bezug der Erndte aber und der Beschaffung der Arbeitskräfte zu derselben ist es für den Dirigenten ferner von großer Wichtigkeit, ob die Wiesen einschürig oder zweischürig sind. Es wird hier vielfach allein die Möglichkeit, zu den bestimmten Zeiten die gehörige Menge von Arbeitern zu beschaffen, entscheiden, ob man eine Wiese ein- oder zweischürig behandelt, oder ob man vielleicht um der Heuarbeit willen irgend eine Aenderung in der Fruchtfolge des Feldes vornimmt, wie dies z. B. auf die Ausdehnung des Raps- und Rübsenbaues von ganz wesentlichem Einfluß sein kann. Die schon oben erwähnte Heuwerbung um Antheil kann hier durch zeitweise Herbeiziehung fremder Arbeiter allerdings eine große Erleichterung gewähren.

Werden die Wiesen entweder ganz oder zum Theil als Weide benutzt, so ist die Verwaltung eine noch weit einfachere. Der Reinertrag, welchen solche Wiesen als beständige Weidenutzung geben, ist oft sehr groß, wie wir dies in Holland, an der Weserniederung, in manchen Gegenden Ostpreußens sehen; in diesen Ländern möchte er bei dem billigen Arbeitslohn aber durch Umbruch mancher geeigneten Stelle noch erhöht werden können. In England aber geht dies Niederlegen zu Weide blos um der Ersparung von Arbeitskräften willen so weit, daß ganze Farms in der Nähe von großen Städten, wo der Arbeitslohn sehr hoch steht, als friedliches Grasland liegen, nur zu Viehmast oder Milchwirthschaft dienend, mit erstaunend wenig Verwendung von Tagelöhnern, die nebst ihrem Herrn ein sehr bequemes, müßiges Leben führen; — und doch zahlt letzterer zwei Pfund Sterling und mehr für den Acre, zehn Thaler für den preußischen Morgen, Pacht an den Grundbesitzer.

Sehr viel complicirter ist die Verwaltung der Wiesen, wenn dieselben irgend wie durch Menschenhand auf eine höhere Culturstufe gehoben, oder erst künstlich zu Wiesen gemacht worden sind. Diese Fälle finden statt bei Verwallungen und noch mehr bei Berieselungen. Hier darf der Dirigent seine Controlle nicht nur auf die Zeit der Erndte beschränken — er würde dies alsdann bald auch nicht mehr nöthig haben! — sondern er muß oft und regelmäßig das ganze Planum beaufsichtigen; sogar, bei Gefahr zeitweiliger Ueberstauung durch Fluthen, durch Nachrichten von den Gebirgen her, wobei die Benutzung der Telegraphen sehr wesentlich sein kann, stets zu allen Abhülfen sich bereit halten. — Die künstlichen Berieselungen erfordern je nach der Bauart der Wiesen eine so große Verwaltung, daß trotz eines bedeutenden Bruttoertrages, dieselben in ihrem Reinertrage doch sehr gering dastehen können; je complicirter der Bau, z. B. der Siegen'sche Beetbau, desto schwieriger ist die Aufsicht für den Dirigenten, falls sich nicht die Anstellung eines tüchtigen und gut besoldeten Wiesenmeisters verlohnt, um die richtige Instandhaltung und Ueberstauung auszuführen. Der gewöhnliche Hangbau, wo er nach Maßgabe des Terrains überhaupt anwendbar ist, hat trotz technisch minderer Vollkommenheit, wegen der geringen Mühe der Administration, hier seine großen, ja oft entscheidenden Vortheile.

An die Wiesen schließen sich unmittelbar die Gewässer, und erwähnen wir außer ihrer Benutzung zu der eben genannten Rieselung noch diejenige zum Treiben von Mühlwerken und zur Fischerei. Erstere Benutzung pflegt als Mahlmühle niemals zweckmäßig auf eigene Rechnung vom Dirigenten betrieben zu werden, sondern besser durch Verpachtung zu rentiren; auch sind, wenn man nicht tüchtige Bescheider hat, die Unannehmlichkeiten einer Mühlverwaltung zu groß, als daß ein Wirthschaftsdirigent nicht dadurch zu sehr von seinem übrigen Berufe abgezogen wird. Soll das Oberwasser von Mühlen jedoch zur Rieselung von Wiesen benutzt werden, dann verpachte man die Mühlwehr wo möglich gar nicht, es könnte der Grund vieler Unannehmlichkeiten und Processe werden. Die Verwendung der Wasserkraft zu technischen Gewerben werden wir bei der Verwaltung der letztern unten gleichzeitig zusammenfassen.

Die Fischereien, wo dieselben bedeutend sind, und vornehmlich, wo Gelegenheit ist, eine in ihrem ganzen Umfange geregelte Fischzucht zu betreiben, pflegen in der Regel mit Ausschluß der Wasserjagd verpachtet zu werden, weil die Reibungen in dem Falle, daß die Fischerei auf eigene Rechnung oder um Antheil betrieben wird, meistentheils so bedeutend und deshalb schadenbringend zu sein pflegen, daß sie in Verbindung mit den großen und lästigen Kosten für Geräthe und Controlle allen etwaigen Mehrertrag gegen die Pachtung aufwiegen. Die Sommer- und Eisfischerei getrennt zu verpachten, möchte aber in vielen Fällen rathsam sein. Bezüglich des Polizeilichen, so thut der Besitzer großer Fischereien, auch wenn er seine Gewässer als rein private besitzen sollte, doch wohl, sich seinen Pächtern gegenüber ganz den Beschränkungen der öffentlichen Fischereien zu unterwerfen und die Pächter an diese zu binden, damit er eine gute Waffe gegen die leicht höchst verderblichen Uebertretungen, z. B. in der Laichzeit, bei der Fischereinutzung in Händen habe.

Die künstliche Fischzucht, welche sich zur natürlichen etwa verhält, wie die Jagd zur geregelten Viehzucht, wird an vielen Stellen noch eine so große Zukunft haben, daß von einem Morgen See in geeigneter Localität, wie bereits Rechnungen darüber nachweisen, mehr Fleisch producirt werden, also auch wahrscheinlich mehr Rente gezahlt werden kann, als von einem Morgen Landes. Eine solche Nutzung bei allen Einrichtungen im Auge zu behalten, wird dem Dirigenten nie zum Nachtheil gereichen, doch darf er nicht in jedem Falle darauf rechnen, daß ohne eine bedeutende Capitalsanlage seinerseits derartige Unternehmungen überhaupt in Gang kommen.

Wo auf großen Gewässern Rohr- und Streußelnutzung, desgleichen die Weide auf dem Eise bedeutend sind, hat der Dirigent, zumal bei entlegenen Revieren, meistentheils so viel mit ungebetener Hülfe bei der Aberndtung zu schaffen, daß eine Verpachtung gegen Antheil das Rathsamste zu sein pflegt.

## § 26.

### Die Forsten und die Jagd.

Ueber die Forstverwaltung sollte der Landwirth eigentlich schweigen, denn er wird immer nur Stümper darin bleiben, verglichen mit den großartigen Leistungen der Forstmänner. Es ist aber die Aufgabe des Wirthschaftsdirigenten, welcher eine kleine Gutsforst — denn nur solche gehört hier zur Betrachtung — etwa mit Hülfe eines Unterförsters verwaltet, auch eine wesentlich andere als die eines Forstmannes. Während bei Letzterem dem Interesse der Forstcultur alle übrigen untergeordnet werden müssen, steht bei dem Landwirth das Gut immer oben an, und die Frage ist nur, wie die Forst zum Zwecke der Wirthschaft am höchsten ausgenutzt werden kann. Die Forstcultur und Nutzung selbst muß natürlich stets von dem sachkundigen Forstmann gelernt werden, aber die Ausbeutung der gemeinhin kleinen, oft winzig erscheinenden Producte für Gutszwecke ist Sache des Wirthschaftsdirigenten. Da gilt es, sich ein kleines Revier alten, starken Bauholzes zu erhalten, desgleichen ein ausgedehnteres von schwachem Bauholze zu allen Reparaturen und etwaigen kleinen Neubauten, während die größeren, welche nur mit Verwüstung der Forst ausgeführt werden könnten, durch gekauftes Holz rechtmäßiger Weise bestritten werden müssen. Die Nutzung des Raff- und Leseholzes in regelmäßigen Eingaben von Revieren ist für den Bedarf der Tagelöhner an Brennmaterial von sehr hohem Werthe, und noch mehr in den Fällen, wo Holz das einzige Brennmaterial ist, und die Forst so nahe liegt, daß die Tagelöhner oder deren Kinder es mit leichter Mühe herbeischaffen können; die Controlle ist bei dieser Nutzung in dem kleinen Revier und bei der bestimmten Anzahl berechtigter Leute nicht besonderen Schwierigkeiten unterworfen.

Daß eine ländliche Schirrkammer ohne Gutsforst sich nur einigermaßen im nöthigen Besatz halten kann, ist kaum möglich. Die verschiedenen kleinen, namentlich krumm gewachsene Hölzer zu allerlei Geräthschaften, besonders Pflügen, Hacken, die Strauchhölzer zu Band- und Raufenstöcken von Weiden und Haselnüssen, die Leiterbäume, Radkränze, Deichselstangen, Eggenzinken und Scheiden, und all' die unzählbaren, in guter und geeigneter Beschaffenheit nöthigen Utensilien einer Landwirthschaft lassen sich fast gar nicht kaufen, sie müßten denn von herumziehenden Verkäufern entnommen werden, wo dann ihr Ursprung oft in tiefes Dunkel gehüllt ist, vielleicht sogar schließlich in der eignen Forst gefunden wird. Wenn daher eine große Forst es sogar möglichst vermeiden muß, die Verwaltung durch eine zu große Mannigfaltigkeit der einzelnen Culturhölzer zu erschweren, so ist es im Gegensatz dazu Aufgabe des Landwirthes, eine recht große Anzahl verschiedener Baumarten zu allen ländlichen Nutzungen sich zu erziehen und bereit zu halten, und was in dem einen Fall ein Fehler ist, ist für den andern eine Tugend; denn es kommt bei dem Landwirth weniger darauf an, den geeigneten Boden mit demjenigen Holze zu bebauen, welches durch Verkauf den höchstmöglichen Reinertrag abliefert, als mit demjenigen, welches für ihn nothwendig ist. Deshalb kann der Wirthschaftsdirigent immer von dem Forstmann lernen, er wird sogar auf seiner kleinen Fläche oft Gelegenheit haben, Operationen und Culturen auszuführen, welche dem Forstmann sehr erschwert sind, z. B. das für die Landwirthschaft so wichtige Nadelrechen, und so in einzelnen Fällen, wenn auch scheinbar in Contrast mit dem Forstmann, doch wiederum bemerkenswerthe Data für denselben bieten können.

Während größere technische Gewerbe von kleinen Forsten freilich nicht leben können, sondern aus den unterirdischen Fonds sich bezüglich ihres Heizmaterials versorgen müssen, so ist für den ländlichen Haushalt eine kleine Forst im eigentlichen Sinne des Wortes unschätzbar, insofern jede Fuhre Reisig, jeder abgestorbene Baum, falls letztere nicht etwa für die Tagelöhner noch nothwendig sind, alsbald ihre Verwendung in Küche, Backhaus und Oefen finden, man somit auch der lästigen Holzkäufe und Anfuhren aus entfernteren Forsten überhoben ist, welche meistens so viel Unbequemlichkeiten mit sich bringen, daß diese den geringeren Preis, den man gegenüber dem Selbstkostenpreis zahlt, völlig aufwiegen. Und oft ist auch der Selbstkostenpreis noch niedriger, als der Kaufpreis, wenn man den Werth des Bodens berücksichtigt, auf welchem das Holz gewachsen, und der für landwirthschaftliche Zwecke nutzlos oder gar durch Sandwehen verderblich gewesen war. Die Entfernung, bis zu welcher es überhaupt rathsam ist, die Holzfuhren auszudehnen, hat ihre sehr schnelle Grenze, weil der Werth des Holzes selbst gegenüber den Transportkosten bald ein verschwindend kleiner wird, und schon deshalb ist in manchen Localitäten eine Gutsforst unentbehrlich. Aber auch insofern sind alle Schonungsanlagen für den Landwirth von sehr großer Wichtigkeit, als derselbe das junge Holz viel eher zu Zwecken der eignen Wirthschaft nutzen kann, und es oft einen zufällig hohen Werth hat, während für den Forstmann dasselbe meistens unverwendbar ist. Die dadurch bewirkte schnellere Wiederkehr des Capitals bei Holzanlagen ist ein für den Landwirth, namentlich als Privatmann, erheblicher Gegenstand.

Daß die Jagd ein für den Wirthschaftsdirigenten angenehmes Vergnügen sei, haben wir schon oben (§ 3) gerechtfertigt. Was seine Stellung zur Verwaltung der Jagd betrifft, so kann dieselbe, als Sache des Vergnügens und des gelegentlichen Besorgens bei gleichzeitiger practischer Ausübung, auch als verbunden mit der Forst- und Feldcontrolle, ebenfalls leicht ausgeführt werden. Wie's aber mit dem Reinertrage steht, namentlich wenn derselbe durch Treibjagden erschwungen werden soll, ist eine andere Frage. Die niedere Jagd liefert je nach der Gegend für die Landwirthschaft durch Benutzung in der Küche oder durch Verkauf von Wild zuweilen noch Reinertrag, das Hochwild selten. Wenn also danach gemessen werden muß, so wird die Jagd wohl in den meisten Fällen von dem Gewerbe des Landwirths getrennt werden müssen; doch lassen wir Jedem seine Freude daran, falls er darum nur nicht Zwecke seines Berufes, zumal als Beamter verabsäumt.

## § 27.
### Die Vorwerke.

Daß die Anlegung von Vorwerken als kleineren Sammelpunkten in einer ausgedehnten Ackerfläche eine landwirthschaftlich vortreffliche, oft unumgängliche Operation ist, hat wohl Niemand schärfer durch Data, Rechnung und Schlußfolge bewiesen, als v. Thünen in seinem schon oben erwähnten Werke: „Der isolirte Staat." Dieser tiefe Denker — der Begründer einer neuen Aera in der Nationalöconomie der Landwirthschaft, und als solcher schon von Thaer (Möglinische Annalen Bd. 19) begrüßt — erbaut, mit dem einfachen Zahlenwerth für die Grundrente je nach der Entfernung des Ackers vom Wirthschaftshofe beginnend, in immer steigender, auf die sorgfältigste und gewissenhafteste Beobachtung gegründeter Rechnungscombination schließlich das ganze Staatsgebäude nach seinen landwirthschaftlichen Erwerbsquellen. Seine Betrachtungsweise ist von den berühmtesten Nationalöconomen jetzt als Grundlage für die fernere Ausbildung der Lehre von der landwirthschaftlichen Production angenommen. Aber auch der Dirigent eines einfachen Gutes wird Thünens Werk, so oft er es auch lese, nicht aus der Hand legen, ohne für seine specielle Wirthschaft ein Wesentliches daraus gelernt zu haben. Wiewohl es nun nicht die ackerbewegende und dadurch productive Kraft der Vorwerke ist, welche uns hier beschäftigen soll, sondern nur die Verwaltung derselben, so glaube ich doch, durch die Hinweisung auf Thünen's isolirten Staat auch dem richtigen Verständniß unsres nächsten Zweckes gedient zu haben.

In Bezug der Verwaltung aber wird den Vorwerken von manchen Seiten und nicht mit Unrecht nur ein negativer Werth zugeschrieben. Es sind die in unserer Gegend mit dem Localnamen „Stehlvorwerke" bezeichneten, welche für den Administrator oft eine große Last, oft auch ein wirklicher Krebsschaden am Gutsertrage selbst sind. Liegen solche Vorwerke in Entfernung von einer Meile und darüber etwa als Station für die zum Gute gehörigen Flußwiesen, so pflegt ihre Wichtigkeit so groß zu sein, daß sie die Anstellung eines verheiratheten tüchtigen Unterbeamten verlohnen, welcher dann auch durch angemessenes Gehalt gefesselt werden muß, weil durch seine Treue und Sparsamkeit, die auch ohne Controlle sich bewähre, dem Gute ein sehr bedeutender Vortheil erwachsen kann. Diese Vorwerke erschweren dann nicht die Verwaltung, sondern erleichtern sie im Gegentheil. Anders ist es mit solchen vereinzelten kleinen Höfen, welche versteckt, wo möglich im Walde oder an einer für Gesindel frequenten Straße liegen. Hier ist es in der Regel schwer, Scheuer, Vorräthe, ja das Vieh mit der erforderlichen Sicherheit gegen Freund und Feind zu schützen; und das an den Kornboden abgelieferte Quantum Getreide, wenn selbst alle Tage beim Dreschen aufgemessen wird, zeigt oft einen großen Unterschied gegen das nach der Schockzahl erwartete Maß. Die Anstellung eines verheiratheten Beamten verlohnen solche kleinen Vorwerke nicht; ein unverheiratheter hält es vor langer Weile meistens nicht aus, oder er sucht seine Vergnügungen auswärts; hat man also einen leidlich tüchtigen Meier, Hirten oder Tagelöhner, so muß man sich ihm auf Discretion ergeben. Das Gedeihen des auf solchen Vorwerken aufgestellten Jung- oder Mastviehes ist gewöhnlich vortrefflich, weil es für den Hirten der ausschließliche Umgang ist, und er also demselben seine ganze Sorge zu widmen pflegt. In England, wo die Ehrlichkeit unter dem Landvolk freilich so groß ist, daß Weizen, in Säcken aufgemessen, viele Tage und Nächte lang bei unverschlossener Scheuer frei dasteht, daß die Schafe alle Nächte ohne Wächter in Hürden auf dem Acker liegen; wo außerdem die ländliche Baukunst so weit gediehen ist, daß aus Schafhorden und Mist ganze Schuppen und Ställe für einen Winter oder Schafcolonien zur Lammzeit errichtet werden: unter solchen Bedingungen ist die Vorwerkswirthschaft eine sehr angenehme und durchaus die Controlle nicht erschwerende. Je mehr aber auch wir uns dieser allseitigen Vollkommenheit und Sparsamkeit nähern, desto schneller werden die Nachtheile der Vorwerke verschwinden, und ihre Vortheile allein uns bleiben.

## § 28.

### Die Vorräthe.

Die Haushaltekunst mit dem Gelde ist für den Dirigenten schwer, mit der Arbeit noch schwerer, am verwickeltsten aber und vielleicht am wichtigsten ist sie in Bezug auf die Vorräthe — Naturalien des Gutes. — Jede Gattung des Vorrathes gleicht einer Geldrechnung, hat ihre mechanische Addition und Subtraction und verlangt ihre besondere Sorgfalt des Nachdenkens in der Verwaltung. Da steht oben an das geringste, dem specifischen Werthe nach, das Stroh. Wie oft ereignen sich die Fälle, daß in Jahren, wo der Strohgewinn sehr bedeutend ist, schmerzlich groß sogar im Verhältniß zum Korn, vor der neuen Erndte doch ein solcher Mangel an diesem Brod der Wirthschaft eintritt, daß womöglich noch zum Hechselschneiden Stroh gekauft werden muß. — „Das ist schlechte Wirthschaft," freilich, aber sie kommt doch vor, und nicht selten; ja ihre Gefahr ist so groß, daß kluge Wirthe gerade in strohreichen Jahren zu Anfang um so genauer mit diesem Material kargen, und erst, wenn die Gefahr der Verschwendung vorüber ist, die Vorräthe den Hirten preisgeben. Dazu kommt, daß bei schnellem Abdreschen leicht der Aufbewahrungsraum für das Stroh mangelt, und sich nur selten ein Wirth entschließt, geregelte Strohmieten, welche dasselbe gegen Regen schützen, zu setzen; so verdirbt es als Futter, oft sogar zur Streu und wird direct als schlechter, stickstoffloser Mist in die Dungstätte geworfen. Hat man sich erst gewöhnt, das beliebte Strohnehmen der Hirten und Knechte, wobei letztere oft städtische Handelsgeschäfte damit verbinden, nicht zu gestatten, sondern sind dieselben angewiesen, es nach Gewicht von einem Hofmeier zu empfangen, dann ist ein Haushalten damit leicht, sonst fast unmöglich.

Ob ein guter Wirthschaftsdirigent Stroh verkaufen dürfe? ist eine vielfach discutirte Frage. Bei dem Verhältniß zwischen Besitzer und Pächter ist es jedenfalls gut, darüber feste Regeln aufzustellen, und bei etwaigem gestatteten Verkaufe die Zuführung eines Aequivalents an düngenden Substanzen zu verlangen. Wer auf eigene Rechnung wirthschaftet, kann natürlich die Preisverhältnisse wahrnehmen, und je nachdem er sich das Stroh im Dünger als Streu und Futter anrechnet, oder als Dachdeckmaterial nutzen kann, dasselbe bei einem eintretenden höheren Marktpreise verkaufen; doch wird dies immer nur mit einem Theil des Strohes geschehen dürfen, und auch nur unter der Bedingung, daß der Wirthschaft dafür Ersatzmittel zurückgegeben werden müssen, an Futter durch Heu, an Einstreu durch Laub, Kiennadeln oder Erde. Wer seiner selbst sicher ist, das Maß zu halten, darf sich wohl erlauben, Manches in dem geregelten Gang der Wirthschaft umzuwerfen — wer zu Ueberschreitungen geneigt ist, bewahre sich auch vor den Anfängen. Auf baare Geldeinnahme aber aus Strohverkauf zu rechnen, davor möchte unter gewöhnlichen landwirthschaftlichen Verhältnissen jeder Dirigent zu warnen sein, es müßte denn seine Wirthschaft etwa in der Nähe einer großen Stadt liegen, von welcher der Dünger billig herbeizuschaffen ist.

Dem Stroh zunächst steht das Heu. War es bei Ersterem schon sehr zu empfehlen, die Ausgabe an die Wirthschaft nach Gewicht zu regeln, so ist dies noch mehr bei dem Heu der Fall. Das Messen und Taxiren nach Kubikraum ist hierbei für den Dirigenten von großer Wichtigkeit, und er muß seine Wirthschaftsgebäude in dieser Hinsicht genau kennen, im Besonderen die Größe der Gebinde und die Menge des darin Platz findenden losen und zusammengepreßten Heues. Wo alles Heu in Schober gesetzt wird, machen diese die allgemeine Controlle zu einer sehr leichten. Diese Schätzung im Großen und Ganzen aber ist mehr eine private für den Dirigenten, als ein Maß für seine Untergebenen. Für diese muß er bestimmte Regeln der Einzelnverausgabung feststellen, worunter ich als die zweckmäßigste das Binden in Bunde bestimmten Gewichtes rechne. Diese Arbeit ist bei Regenwetter eine angenehme Zwischenbeschäftigung für Frauen und Männer auf dem Heuboden, und kann entweder mit Strohbänden, noch besser aber mit Stricken geschehen, in welcher letzteren Weise das Gewicht jedes Bundes noch genauer inne zu halten geht. Ist das Jahr knapp, so bewillige man dem Hirten, der sich gewöhnt hat, auf dem Futtergange so und so viel Bunde zu streuen, nicht weniger Bunde gleicher Stärke, sondern lieber eine gleiche Anzahl von Bunden wie früher, lasse sie aber schwächer binden, falls man nicht aus Grundsatz oder Geldüberfluß sich zum Kauf von Heu entschließen will. Von dem Heuverkauf gilt im Allgemeinen dasselbe wie vom Strohverkauf, und würde nur in dem seltenen Falle ein unbedingter Verkauf stattfinden müssen, wenn bei einem Gute eine übergroße Fläche von Wiesen vorhanden sein sollte, so daß unmöglich das Heu mit dem gehaltenen oder wirthschaftlich gerechtfertigten Vieh vortheilhaft verwerthet werden kann, und sein gänzlicher Verzehr einer Verschwendung gleichkommen würde.

Die Verrechnung der Wurzelgewächse pflegen sich Viele durch eine sehr gefügige Rubrik außerordentlich zu erleichtern, nämlich durch das Manco. Wenn nun auch wirklich diese Rubrik wegen des Schwindens der wässerigen Frucht nicht zu entbehren ist, so darf sie doch ein gewisses erklärliches und durch Versuche bestätigtes Maß nicht überschreiten. Die während des Herbstes und Frühjahrs schwach zugedeckten Kartoffelmieten finden nur zu leicht eine gute Abzugsquelle in den Viehställen, und es sind oft eine lange und vorsichtige Beobachtung und mehrere unerklärliche Kolikfälle erforderlich, um die corpora delicti in den Krippen wirklich zu ertappen. Diese in guter Absicht verübten Diebstähle erstrecken sich freilich auch und mit noch schlimmeren Krankheitsfällen auf das frischgedroschene Korn der Tenne, indessen kommen sie dabei nicht geradezu in Conflict mit der Rechnung, mit der wir es hier zu thun haben. Wo technische Gewerbe, wie Brennereien und Zuckersiedereien, betrieben werden, da pflegt eine bestimmte Regelung des Manco mit der Zeit stattgefunden zu haben, und namentlich bei ersterer die gesammten mehr verbrauchten Kartoffeln der Brennerei zur Last geschrieben zu werden, wonach dann die Ausbeute sich freilich oft wesentlich herabstimmt. Besonders aber ist es Sache des Dirigenten, beim Ankauf der Kartoffeln das Schwindmaß und den unvermeidlichen

Sand bei Bewilligung des Preises und bei der Materialienverrechnung in Abzug zu bringen, zumal wenn die im Herbst gekauften Kartoffeln erst im Frühjahr verbrannt werden. Derartige nach Proben gemachte Abzüge erklären oft die Gründe des mangelnden Reinertrages zumal bei Brennereien in denjenigen Fällen, wo nach dem Voranschlage jedenfalls ein solcher hätte stattfinden müssen.

Der Haushalt mit den Kornfrüchten aller Art ist bei einiger Uebung noch am leichtesten zu treffen. Man veranstaltet wohl Probeausdrüsche unmittelbar nach der Erndte, begeht aber dabei öfter den Fehler, daß die Probeschocke entweder schlechter oder besser behandelt wurden, als das übrige Getreide, und erhält somit ein unrichtiges Resultat, zumal wenn die Mengen, mit welchen der Versuch angestellt ward, klein waren. Der Kubikraum pflegt auch hier für Regelung des Jahreshaushaltes am zweckmäßigsten zu sein, noch mehr durch Setzung von Getreidemieten von fester Größe. Die Einnahme aber und Ausgabe der Körner selbst nach dem Maße zu verrechnen ist unstreitig ein unvollkommenes Mittel, und es kann der hier fast nothwendige Fehler nur durch starkes Maß beim Aufmessen und schwaches beim Abmessen vom Kornboden vermieden werden; man überläßt es auch in der Regel dem dafür verantwortlichen Beamten oder Meier, sich so gut er kann, gegen die Futter holenden Knechte und die Kornkäufer durchzuschlagen. Weit größere Bequemlichkeit und Sicherheit dagegen gewährt die auf vielen Gütern übliche und bei den Sämereien durchweg gebräuchliche Methode des Wiegens des Getreides. Während das Aufmessen in der Scheuer eine große Zeit in Anspruch nimmt und leicht, zumal am Sonnabend, ein Gedränge von Arbeiten hervorbringt, weil der Beamte bei jedem Scheffel zugegen sein muß, so ist das Aufwiegen des gesammten Quantums und die Berechnung der Drescherhebe danach eine leicht gethane Arbeit. Die Futterbestimmung nach Maß, namentlich beim Hafer, welcher doch leicht an Gewicht von dreißig bis fünfzig Pfund schwankt, ist fast stets eine Ungerechtigkeit. Der Betrug, welcher beim Handel durch Anfeuchten des Getreides verübt wird, ist zwar auch durch das Wiegen nicht ganz zu unterdrücken, aber es kann doch nicht so großartig betrieben werden, wie beim Handel nach Maß. Deputate und Abgaben werden weit gerechter nach Gewicht bemessen, zumal wenn sie nicht wieder in den Kauf kommen, sondern unmittelbar zur Nahrung verwandt werden. Der öffentliche Handel drängt auch mehr und mehr zur Einführung des Gewichtes bei Kornabnahmen, besonders wenn Tausende von Scheffeln in Natura geliefert werden müssen, und so wird hoffentlich bald diese Methode auch das Manco vom Kornboden des Landwirthes verdrängen, insofern es nicht in anderen schwer zu beseitigenden Gutsverhältnissen des überhaupt mangelnden Ertrages oder der philanthropischen Zugänglichkeit des Kornbodens seinen Grund hat.

## § 29.

### Die Viehhaltung.

Wenn ein ausgedehnter und wohlgenährter Viehstand ein ziemlich sicheres Kennzeichen einer geordneten und ertragreichen Wirthschaft zu sein pflegt, und in der Verwerthung der Gutserzeugnisse durch das Vieh der dauernd sichere Reinertrag der Wirthschaft besteht, so ist ein zu weit ausgedehnter und deshalb schwach oder gar kümmerlich ernährter Viehstapel ein Verderben für das Gut. Sind Jahre reichlichen Futtergewinnes, so stellt sich wohl ein scheinbarer Ertrag heraus, ist aber ein kleiner Rückschlag im Futtergewinn, so pflegt eine Noth und Sorge, wie das Vieh zu ernähren sei, einzutreten, welche die geistigen und pecuniären Kräfte des Landwirthes aufreiben kann.

Nicht nach der Morgenzahl des Gutes oder dem erstrebten Quantum Düngers, wie dies wohl oft geschieht, sondern erst durch Zugrundelegung der Fruchtfolge und dem dadurch festgestellten voraussichtlichen Durchschnittsgewinn des Sommer- und Winterfutters, wobei auf die gegenwärtige wie auf die steigende Cultur des Bodens die erforderliche Rücksicht genommen ist, kann der Dirigent sich über den zu haltenden festen Nutzviehstand entscheiden, und muß es dann der Jahreserndte überlassen, ob er diesen festen Bestand noch vortheilhaft erhöhen dürfe oder im Nothfalle ihn sogar erniedrigen müsse. Die Art des zu haltenden Viehes, ob Rindvieh, Schafe, Schweine, Pferde, wird immer nach der Natur des Bodens und den Absatzverhältnissen auszuwählen sein, je nachdem dieselben für dies oder jenes thierische Product oder junges Vieh günstig sind. Oft werden hierin die erheblichsten Verstöße begangen, wenn Jemand ohne specielle Berücksichtigung der gegebenen Ortslage das in andern Gegenden von ihm als zweckmäßig Anerkannte sofort in einer neu angetretenen Gutswirthschaft einführt. Wie manche Wirthe, welche auf einem kleefähigen, mergeligen Lehmboden ihre Studien gemacht und dort eine ertragreiche Milchwirthschaft kennen gelernt haben, wollen nun einem unsicheren Boden, welcher bei Schafhaltung und schonender Koppelwirthschaft einen leidlichen Nutzen abgeworfen hat, diese ihrer Meinung nach intensive Milchwirthschaft aufzwängen! Sie haben auf sicheren Klee gerechnet, derselbe versagt aber zur Zeit, wo er Grünfutter geben soll; sie säen also im nächsten Jahr Grünfutter und gründen nun auf gesätes Grünfutter die Kuhhaltung; auch dies versagt vielleicht, weil nicht übermäßiger Regen fällt und der zum Reifen bestimmte Roggen muß angetastet werden, um dem vielleicht noch außerdem unvortheilhaften Milchcontract zu genügen. So geht es mit reißenden Schritten bei dieser scheinbar intensiven Wirthschaft rückwärts, um so mehr, als eine gewisse Eitelkeit den Dirigenten öfters noch bewegt, die einmal ausgesprochenen und zur Ausführung gebrachten Principien der Nachbarschaft gegenüber auch durchzuführen. Erst nach langen, gefährlichen Schwankungen kommt eine solche Wirthschaft wieder in den richtigen Gang, oft erst unter einem nächstfolgenden Besitzer.

Ist aber die Localität völlig mit in Anschlag gebracht, so gehört dann eine gewisse Beweglichkeit Seitens des Dirigenten dazu, seinen Viehstand dem jedesmaligen Futtergewinne anzupassen; er darf nicht voreilig und nicht saumselig im Viehankauf sein, und muß sich auch davor schützen, daß sein vielleicht in gleicher Lage befindlicher Nachbar auf dem Markte ihm zuvorkomme. Kleines unscheinbares Vieh wird meistentheils per Centner lebenden Gewichtes weit billiger gekauft, als großes stattliches, und doch futtert sich dem ersteren ein Centner Fleisch nach allen Beobachtungen viel leichter an, als dem letzteren bei seiner größeren Knochenmasse. Daß bei allen Viehkäufen wegen der Seuchen eine gehörige Quarantaine mit dem neu gekauften Thiere gehalten werde, ist etwas sehr Rathsames, in größeren Wirthschaften, wo öfterer Viehwechsel ist, fast unumgänglich Nöthiges. Ein durch seine Sicherheit sehr angenehmes Verhältniß für den Dirigenten ist es aber, wenn benachbarte Güter sich in der Aufzucht, Anfütterung, schwachen Mast und Hochmast gegenseitig durch die Mannigfaltigkeit ihres Locals ergänzen, so daß sowohl Ankauf als Verkauf unter Nachbarn geschehen kann; der große Vortheil, den eine solche belebte Umgegend hat, wird oft von denjenigen sehr unterschätzt, welche sich in uncultivirten Ländern für ein Billiges mit dem Besitz großer Landstrecken beschweren, wo denn oftmals sonst nie gekannte Verlegenheiten um den einfachsten Wirthschaftsbedarf entstehen. Hat ein einzelnes Gut durch günstige Lage von Vorwerken und geeigneten Boden die Fähigkeit, sich mit allem Vieh durch Aufzucht selbst zu versorgen, so kann eine solche Wirthschaft bei tüchtigen Viehwärtern und angemessener Racezucht einen sehr hohen Ertrag abwerfen, welcher vornehmlich alsdann der Intelligenz des Dirigenten zuzuschreiben ist.

## § 30.

### Der Dünger.

Die Kenntniß der Lehre vom Dünger ist für den Landwirth dasjenige, was für den Fabrikanten die Kenntniß des Rohmaterials ist, und wie der Fabrikant ohne eine solche gründliche Unterweisung trotz aller geschickten kaufmännischen Speculation doch nicht zum Ziele des Reinertrages gelangen wird, so wird auch der Landwirth trotz guter Ackerbestellung, Fruchtfolge, Arbeits- und Capitalsverwendung keinen Erfolg haben, wenn er nicht seines Urstoffes Meister ist, um so mehr als er zugleich Producent des größten Theiles dieses Urstoffes ist, durch Leitung einer richtigen Zersetzung aller organischen nicht verkauften oder nicht verkäuflichen Reste. Die Lehre vom Dünger ihrem physikalisch-chemischen Theile nach zu begründen ist eine höchst wichtige Aufgabe der Naturwissenschaften für den Landbau und berührt den Wirthschaftsdirigenten, insofern er einen Werth darauf legt, ein Mann von wissenschaftlicher Bildung zu sein: den Kostenpreis aber und Nutzungswerth des Düngers zu bestimmen, gehört unter die Vorlagen für die Statik, diesen für die landwirthschaftliche Praxis durch v. Wulffen so bedeutend geförderten und durch Hlubeck auch chemisch zu begründen versuchten Zweig der Betriebslehre. Die practische Handhabung jedoch dessen, was in der Statik als Lehre aufgestellt wird, ist die uns hier angehende besondere Pflicht des Dirigenten, mithin die local billigste Anschaffung des Düngers, und die Sorge für die schnellste Wiederkehr des im Dünger angelegten Capitales nebst höchst möglichen Zinsen.

Dünger kann auf verschiedene Weise herbeigeschafft werden. Die einfachste ist durch Kauf ohne andere Beihülfe der Landwirthschaft. Daß durch ausschließliche Verwendung solcher Dungmittel, welche als künstliche im Handel käuflich vorkommen, ein Gut dauernd zum höchsten Reinertrag gebracht werden kann, hat sich noch in keinem mir bekannten Falle unzweifelhaft herausgestellt; entweder war viel Urdünger oder alte Cultur im Boden, oder es ward Stallmist, Moder u. dgl. Surrogate außerdem verwandt, wo dann der Versuch nicht rein blieb. Wohl aber giebt es Fälle eines so billigen Dungankaufes und Transportes aus Städten, bei gleichzeitig so hohem Preise der unmittelbar auf dem Felde gewonnenen Früchte, daß die Landwirthschaft ohne Rücksichtnahme auf Dungproduction gut rentiren kann. Inwiefern eine solche Wirthschaft angenehm ist zu verwalten, gehört nicht hierher.

Die zweite Weise der Düngerbeschaffung ist die durch Production desselben vermittelst Durchgang des Futters durch den thierischen Körper. Hier wirken zwei Factoren zusammen, welche der Dirigent bei seiner Jahresrechnung nie außer Acht lassen darf: der eine ist die Viehnutzung, der andere das aufgeopferte Futtermaterial; sie stehen beide zu einander im umgekehrten Verhältniß in Bezug auf den Kostenpreis des erzeugten Düngers, der durch günstige Conjunctur für Vieh herabgedrückt, durch günstige für das Futter hinaufgeschraubt wird. Das Schifflein der Wirthschaft durch diese oft enge Straße mit sichrer Hand hindurchzuführen, erfordert einen guten Steuermann, mit scharfen Augen für die Ferne und einer sicheren Hand für den gegenwärtigen Augenblick; es ist hierbei schon Mancher gescheitert, der sich klug glaubte.

Eine dieser Klippen, die Rücksicht auf Viehhaltung, wird in der dritten Methode, Dünger zu produciren, vermieden, nämlich in der unmittelbaren Verwendung des Vegetabils auf dem Felde zur Düngung durch Unterpflügen. Wo der Boden seiner Natur nach für den vegetabilischen Dünger sich eignet, da wird die Grenze seiner vortheilhaften Erzeugung durch die Höhe der Landrente und der Bestellungskosten angegeben, welche aufgeopfert werden müssen. Ist der Boden sonst gering an Werth und vermag doch z. B. durch das Mittel der Lupinen eine große Masse von Pflanzenstoffen zu erzeugen, so wird die Hervorbringung des Gründungs so billig zu stehen kommen, daß eine gleiche Masse Dungwerthes anderweit nimmermehr dafür beschafft werden kann. Fragen wir freilich weiter: „ist es rathsam, diesem geringen Boden einen solchen Schatz Dungmaterials zu geben, wo ich nicht sicher bin, ob er ihn mir bezahlt?" so weist uns dies auf den

Zweiten Theil der für den Dirigenten zu beachtenden Aufgabe hinsichtlich des Düngers hin, nämlich auf die Rückkehr und Verzinsung des in demselben angelegten Capitals. Schnell und hoch ist diese Rückkehr bei allen richtig, d. h. als Beihülfe zum Stalldung, angewandten künstlichen Düngungsmitteln, vorausgesetzt, daß der durch dieselben erzielte Mehrertrag genau durch Versuche festgestellt und als überwiegend gegenüber dem Kostenpreise des Düngungsmittels befunden ist. Es trägt ein in künstlichem Dünger angelegtes Capital in einem halben Jahre oft eine zehnfach größere Rente als das in Grund und Boden behufs Kaufes angelegte, vornehmlich in solchen Ländern, wo der künstliche Dünger billig, die Cultur hoch, und das Korn theuer ist, z. B. in England, Belgien, weshalb es nicht zu verwundern ist, wenn im Uebrigen gesichert dastehende Pächter es vorziehen, ihr Geld „arbeiten" zu lassen, als es zu „begraben." Legt man freilich englische Verhältnisse einem Districte wie an der polnischen Grenze zu Grunde, so wird man oft für zwei in künstlichem Dünger angelegte Thaler einen Thaler in Form von Getreide wiedererhalten.

Der Weg des Vegetabils durch den thierischen Körper ist ein längerer und ist der größeren Gefahr einer unproductiven Zersetzung unterworfen, als der Weg des unmittelbar auf dem Felde untergeackerten Vegetabils. Dazu tritt die größere Capitalsanlage für den thierischen Körper selbst, welcher doch so vielen Zufällen der Krankheit und des Mißlingens der Futterung ausgesetzt ist. So sehr wir daher um der Viehnutzung und des behaglichen Lebens willen und wegen der unbedingten Nothwendigkeit thierischen Düngers für die meisten Bodenarten des Viehes zum Ackerbau bedürfen (siehe § 29), so kann es doch leicht vom Geldpunkte aus ein nothwendiges Uebel werden, welches also auf das geringste Maß reducirt werden muß. Hat also der Landwirth die oben bei der Gründüngung gestellte Frage: „ob der Boden sie bezahlt?" durch frühere Beobachtung (denn nur diese entscheidet bei einem gegebenen Boden) gelöst, so ist die unmittelbare Ueberweisung des geeigneten stickstoffhaltigen, blattreichen Vegetabils an den Fäulnißproceß und dessen sofortige Benutzung zu neuer Vegetation — also vornehmlich bei Winterung — dem längeren Wege des Durchgangs durch den thierischen Körper vorzuziehen. (Ueber den zu theuren Düngerkauf siehe auch § 17.)

Des mechanischen Theils der Verwaltung in Bezug auf den Dünger habe ich schon oben § 24 gedacht und füge nur noch hinzu, daß bei einem Dirigenten die chemische Kenntniß von der zweckmäßigen Behandlung des Düngers für die Dungstätte und von dem richtigen Grad der Zersetzung Hand in Hand gehen muß mit der Beschaffung des Platzes auf dem Felde, wo der Dünger sofort hingefahren und gebreitet werden kann; ferner auch mit der Beschaffung einer solchen Menge von Arbeitskraft, daß diese Operation rechtzeitig ausgeführt werden kann, ohne Gedränge in der Wirthschaft zu verursachen; es muß sonach bei dem Entwurf der Fruchtfolge und dem Ueberschlag der Arbeitskräfte von Anfang an hierauf Rücksicht genommen werden.

## § 31.
### Die technischen Gewerbe.

Ein Dirigent muß diejenige Umsicht besitzen, daß er beurtheilen kann, ob in einer Localität die Anlage eines neuen technischen Nebengewerbes oder die Beibehaltung, auch Aenderung eines bereits bestehenden rathsam ist. Sehr oft sind technische Gewerbe Krebsschäden an den Gütern. Um manche Brennerei dreht sich die ganze Wirthschaft, alles wird ihr zur Liebe gethan und geopfert, und schließlich ist gerade sie die negative Größe des Gutes. Eine gewissenhafte Rechnung nach doppelter Buchführung ist hier das einzige Mittel, klar zu sehen und entsprechende Aenderungen zu treffen, denn oft ist das letzte halbe Procent, welches pro Quart Maischraum gezogen wird, der ganze Reinertrag, um welches willen eine so große Maschinerie in Gang gesetzt wird; fällt dieses aus, so geht mit diesem auch der ganze Ertrag des Gewerbes, vielleicht des Gutes verloren. Schlecht und stümperhaft betriebene technische Gewerbe, welche sich leicht als alte Gewohnheit, die man sich nicht von einem Gute wegdenken kann, durch lange Jahre weiter schleppen, werden am besten gänzlich aufgegeben, falls es nicht möglich ist, sie in angemessenen Gang zu bringen; sie zersplittern die Arbeits-, Capitals- und namentlich Aufsichtskraft der Wirthschaft. Aber auch gut betriebene technische Gewerbe sind keinesweges immer ein Zeichen hoher Cultur eines Gutes, sonst müßte England noch sehr darin zurückstehen, denn dort werden gar keine Nebengewerbe vom Farmer betrieben; Ackerbau und Viehzucht allein gehören für ihn auf's Land, alles übrige in die Stadt. Die persönliche Unannehmlichkeit, welche technische Gewerbe durch die Steuergesetzgebung verursachen, und die peinlichen Conflicte, in welche jeder redliche Mann durch die fast an Unmöglichkeit grenzende Ausführung der vorgeschriebenen Maßregeln geräth, gehören nicht in das Belieben des Wirthschaftsdirigenten; er darf, zumal als Beamter, nicht um seiner Bequemlichkeit willen Einrichtungen treffen, welche nicht die Erzielung des rechtlicher Weise zu gewinnenden höchsten Ertrages zum Zweck haben. — Das Erzeugniß einer ländlichen Fabrikanlage muß aber, sofern es nur im mindesten Gegenstand der persönlichen Speculation des Dirigenten ist, der Wirthschaft nicht zu dem wirklich gelösten, sondern zu einem bestimmten Marktpreise zu Gute gerechnet werden, und ist dies in gleichem Falle bei allen Gutsproducten erforderlich, damit das Ergebniß der Jahresrechnung nicht durch die rein persönliche Willkür des Wirthschaftshauptes unklar, entweder erhöht oder erniedrigt werde. Der kaufmännische Zweck, um welches willen ein solches Gewerbe betrieben wird, kann ein von dem landwirthschaftlichen ganz verschiedener sein, oft ein ihm entgegengesetzter; wir unsrestheils sehen hier nur auf den landwirthschaftlichen Zweck, die gewonnenen Gutsproducte möglichst hoch auszunutzen und gleichzeitig den Dungstand des Ackers auf eine schnelle und leichte Weise zu heben (Zuckersiederei, Brennerei, Stärkefabrikation, Brauerei), ferner aber die Arbeitskräfte das ganze Jahr hindurch möglichst zweckmäßig zu beschäftigen (Ziegelei, Torfstiche). Insofern technische Gewerbe diese Aufgabe für ein Gut richtig lösen, sind sie auch als landwirthschaftliche Nebenbeschäftigungen gerechtfertigt, sonst hören sie auf, für landwirthschaftlich zu gelten, und müssen industriell, kaufmännisch genannt werden. Ein ausreichend erhöhtes Betriebscapital wird hier um so dringender erfordert, als viele Anlagen auf eine lange Dauer in kostbaren Massivbauten, z. B. bei Brennereien und Zuckerfabriken geschehen müssen. Sollen diese neuen Anlagen nicht etwa durch frisches Capital bewerkstelligt, sondern dadurch erschwungen werden, daß man der Wirthschaft einen Theil ihres umlaufenden nothwendigen Betriebscapitals entzieht, sei es in Form von Geld, Naturalien oder Arbeit, so kann die Gründung eines solchen Gewerbes der Ruin eines Wirthes sein. Müssen erst an dem Acker die Pflugfurchen, an dem Vieh das Futter, an der Fruchtfolge der Anbau der Futtergewächse abgespart werden, um eine sogenannte durch technische Gewerbe intensive Wirthschaft zu betreiben, so ist dies ein sehr ungünstiges Zeichen für die Befähigung des Dirigenten.

Auf ähnlicher Stufe mit den technischen Gewerben stehen Betriebe wie Seidenbau, Race-Federviehzucht, welche nur unter besonders dafür verantwortlichen Personen gedeihen können; ebenso der Anbau solcher Handelsgewächse, welche keine wesentlichen Reste für den Boden hinterlassen und doch viel Dünger und Arbeit beanspruchen: als der Bau von Taback, Hopfen, Kümmel, Waid, Krapp, Karde, Cichorien und dergleichen. Solche Culturen, welche freilich mehr dem Garten angehören, können, auch im Großen betrieben, außerordentlich ertragreich sein; nur ist bei Gutswirthschaften, wo sie als Nebennutzung gelten, sehr zu beachten, daß der Dirigent nicht in Liebhaberei für dieselben, oder verleitet durch den hohen Reinertrag auf wenigen Morgen, ihren Anbau auf große Flächen ausdehne, und dadurch der übrigen Wirthschaft Arbeits- und Dungkraft in solcher Weise entziehe, daß der Reinertrag des Ganzen gerade durch diese partiell hohe Nutzung leidet.

---

Nach Betrachtung der einzelnen unmittelbar an das Local des Gutes geknüpften Wirthschaftszweige richten wir unsere Aufmerksamkeit noch auf einige allgemeinere Gegenstände der Verwaltung oder vielmehr der persönlichen Thätigkeit des Dirigenten selbst in der Wirthschaft.

## § 32.
### Die Inspection.

Die Inspection der Wirthschaft ist die äußere Form, in welcher die Direction als die principielle Leitung erscheint; sie umfaßt die gesammte, nach außen hin gerichtete Thätigkeit des Dirigenten und giebt Zeugniß von seinem Nachdenken in der

Stille der vier Wände. Die Art der Inspection muß sich in vieler Beziehung nach der Beschaffenheit des Gutes richten. Ich hörte von einem tüchtigen Dirigenten, welcher zwei sehr verschiedenartige Güter bewirthschaftete, die treffende Aeußerung: „Bei dem einen Gut muß ich ein Ackerstück dreimal umreiten, ehe ich weiß, was damit zu thun, bei dem andern Gut setze ich mich in die Sophaecke, um es dort zu erdenken." Noch mehr aber wie nach dem Local des Gutes richtet sich die Inspection nach der Persönlichkeit, der Neigung und namentlich dem Temperament des Dirigenten. Wenn auch eine gewisse Selbstüberwindung bei Wirthschaftsliebhabereien einem Dirigenten niemals Schaden bringt, so würde er doch Unrecht thun, wenn er nicht innerhalb der Erfüllung seines Berufes seinem Behagen so viel als möglich lebte, und sich dadurch eine um so größere Frische des Geistes und Körpers für seine Thätigkeit zum Nutzen der Wirthschaft bewahrte. Wer nicht Neigung und Geduld hat, lange am Schreibtisch oder bei den Acten zu sitzen, sondern lieber in der freien Natur bei Wind und Wetter umher reitet, fährt und geht, den Leuten befiehlt, der muß sich einen Gehülfen für die Schreibarbeit zustellen, und lieber in der Außenwirthschaft mancherlei selbst besorgen; umgekehrt würde derjenige, welchem die körperliche Kräftigkeit zu Strapazen fehlt, welcher aber bei mäßiger Anstrengung sich wohl befindet, beim unmittelbaren Befehlen über die Tagelöhner sich leicht ärgert, einen großen Fehler begehen, wenn er sich von früh bis spät trainiren wollte; ein solcher muß sich wiederum einen tüchtigen Unterbeamten für das Aeußere der Wirthschaft halten, und sich mehr mit der schriftlichen Arbeit und der allgemeinen Disposition beschäftigen. Ueberhaupt, je höher die Stellung, desto weniger wird die rein äußerliche Arbeit die Hauptsache beim Landwirth sein. Während ein jüngerer Oeconom rüstig sein muß vom Morgen bis zum Abend, frisch zum Laufen, fröhlich zum Gehorchen, und begierig jede schwere Arbeit sofort auf sich zu nehmen, überall helfend einzugreifen, dem Tagelöhner mehr durch Wetteifer als durch Worte befehlend: so muß der höhere Beamte sich mehr zurückhalten, nur angreifen im Nothfall, sonst durch kurze, ruhige Befehle leiten, auch bei Arbeitsgedränge sich vor jeder anscheinenden Hast bewahrren, welche dem Tagelöhner stets als Unsicherheit im Befehl erscheint. Während bei niederen Posten der Körper gehörig getummeelt werden muß, hat der Dirigent darüber zu wachen, daß er sich körperlich nicht übermüde, und dadurch seine geistige Frische füir das Gut verloren gehe. Noch viele kleine Dinge giebt es, welche der Literatur nicht würdig genug erscheinen, sie zu erwähhnen, und welche gerade so recht für das innere Leben der Wirtthschaft wie das tägliche Brot sind. Da tritt das Wetter ein mitt seinen Freuden und Beschwerden, die Hitze und Kälte, der Regen und der Schnee, der Aerger über unterbrochene Arbeit, die Schwierigkeit, die Tagelöhner vor Mißmuth zu bewahren, und auch in unwillkommenen Pausen zu beschäftigen, die kleinen Unregelmäßigkeiten des Tages, die verschlafenen Knechte, die kranken Pferde, zerbrochene Geräthe, zu lange gehaltene Vesper- und Frühstücksszeit, und alle jene dem Practiker so nothwendigen Würzen des Alltagslebens. Der Inspector — wie ich in Bezug der Inspecttion jeden Dirigenten, sei er auch selbst Besitzer vieler großer Güter, nenne — muß sich stets seinen Tag auf's Genaueste eintheilen; zuerst nach seinem Berufe, wo und wie er die Arbeit, Felder, Forst, technische Gewerbe, Vorwerke controlliren muß, dann aber kann er seiner Liebhaberei so weit es sonst geht folgen, und fahren, reiten oder gehen, je nachdem er am schnellsten und behaglichsten zum Ziele kommt; es muß der Tag die Lust und F r e u d e des Inspectors sein, vermittelst welcher er auch die nie fehlenden Unannehmlichkeiten überwinden wird, und frisch bleiben nach Geist und Körper. Auch der Anzug ist ein wichtiger, sehr wichtiger Gegenstand des Landwirths. Ein Oeconom in wirthschaftlicher Function mit hängenden Aermeln des Ueberrocks, daß er die Arme nicht frei bewegen kann, ist für den erfahrenen Landwirth ein widerlicher Anblick; ebenso wenn ein zierliches Spazierstöckchen die Stelle des knotigen Kreuzdorn vertritt. Fest muß der Anzug stets sein, nichts Hängendes und Umherflatterndes haben, und dies noch mehr beim Reiten, als beim Gehen, im Sommer ein

Hut, der das Auge vor der Sonne und den Nacken vor Regen schützt, im Winter gewöhnlicher, derber Pelz zur Mütze und zum Rock; niemals die Kleidung so gut, daß man nicht zur Arbeit zugreifen kann; geflickt kann sie sein, aber nicht zerrissen. Das Schuhwerk nicht zierlich mit dünnen Sohlen, oder vielleicht gar mit Ueberschuhen auf Thonboden, sondern stark, dicht und — so bequem als nur möglich! Bei der Inspection giebt es keinen Rang noch Stand; der Vornehme, wenn er wirklich inspiciren will, darf sich nicht derartig kleiden, daß er bei jeder Pfütze zaghaft umherspringen muß, dem Arbeiter zum stillen Vergnügen oder zur inneren Entschuldigung bei Mißmuth über beschwerliche Arbeit. — Auch wird nur durch ein solches öfteres Theilen der Wetterungunst und der ganzen Mühseligkeiten in der Arbeit ein Dirigent im Stande sein, dieselben richtig zu beurtheilen und auch zu erleichtern, z. B. dadurch, daß er für Sumpfarbeiten besondere Wirthschaftsstiefeln für die Leute bereit hält, für Regenwetter lange Röcke aus dicker Sackleinwand u. dgl. Gegenstände mancherlei Art. Wie überhaupt beim Landbau den Hohen und den Geringsten, den Herrn und den Knecht, ein gemeinsames Band umschließt, mehr vielleicht als in irgend einer andern erwerbenden Thätigkeit, so gilt auch von Allen gemeinsam das alte gute Wort: ora et labora, das rechte Wahrzeichen des Landmannes in Glück und Unglück.

## § 33.

### Die Buchführung.

Sich selbst Rechenschaft zu geben über die Verwendung des eigenen Vermögens ist zwar eine stets zu empfehlende Sache, aber doch keine moralische Nothwendigkeit. Insofern der Dirigent also Besitzer oder Pächter ist, lassen sich über die Rechnungslegung keine Regeln aufstellen, außer der einen, daß er wohl thun wird, sich in diesem Falle als seinen eigenen Beamten anzusehen, der über Ausgabe und Einnahme ihm mehr oder minder genaue Auskunft geben muß. „Ich habe meine Rechnung im Kopfe," ist die beliebte Ausrede gegenüber dem Gewissen, welches stets zur Buchführung treibt. So lange dabei reichlicher Vorrath in der Kasse ist, mag es immerhin gehen; kann auch sein, daß Mancher bei seiner Kopfrechnung weiter kommt als ein Anderer bei gewissenhafter Prima Nota, Vertheilung und Revision. Doch aber gilt dies immer nur für den Verwalter eigenen Vermögens, für den Beamten heißt es stets mit vollem Recht seitens des Herrn: „thue Rechnung von deinem Haushalten;" und einen Beamten, sei es ein fingirter, sei es ein wirklicher, haben wir stets vor Augen. — Die Nothwendigkeit der Buchführung also zugegeben, fragt es sich ferner, wie detaillirt soll dieselbe über alle Zweige der Wirthschaft ausgeführt werden? — Anleitungen zu den sorgfältigsten Berechnungen haben wir in vielen Lehrbüchern der doppelten italienischen Buchführung; ich bescheide mich für unser Thema hier nur einige allgemeine Andeutungen zu geben.

Der Hauptzweck einer landwirthschaftlichen Buchführung ist derjenige, daß der Reinertrag des jedesmaligen Wirthschaftsjahres auf das Genaueste ermittelt werde. Diesem Hauptzweck muß sich also alles andere unterordnen, und eine Störung oder Verundeutlichung desselben ist auf keine Weise zu entschuldigen, auch nicht durch die vortrefflichsten gelegentlichen Ergebnisse der Rechnung. Sobald nur der Reinertrag des Jahres klar heraustritt, dann ist es als Zweites gestattet, Nebenzwecke mit der Rechnung zu verbinden, und wie der Reinertrag das Leben der Wirthschaft nach außen hin darstellt, so sind die Resultate der Neben- (Conti-) Rechnungen als das Leben nach innen zu betrachten.

Wo wir es mit einem größeren Gutscomplexus zu thun haben, da ist die Rechnungsführung eine mannigfach gruppirte, mehr oder minder von der rein landwirthschaftlichen abweichende. Deshalb nehmen wir auch bei diesem Capitel nicht das complicirte, sondern das einfache Verhältniß einer in sich abgeschlossenen Gutswirthschaft zum Muster der Darstellung.

Das Hauptbuch, wie wir die Jahresschlußrechnung für eine einzelne abgeschlossene Wirthschaft nennen wollen, muß durchaus so eingerichtet sein, daß der Dirigent es persönlich, vorausgesetzt die Beihülfe eines Wirthschaftsschreibers, anfertigen kann. Verlangt dasselbe außerdem einen in der Buchführung studirten Menschen, so ist es zu complicirt und verfehlt den Zweck für die Person des Dirigenten, ihm ein Genuß und eine Freude während der Ausarbeitung zu sein, ihn in der Erinnerung noch einmal jedes wichtige Datum des beschlossenen Wirthschaftsjahres durchleben zu lassen, und dadurch für das kommende zu belehren. Deshalb muß auch das Hauptbuch spätestens einen Monat nach beendetem Wirthschaftsjahr abgeschlossen sein, und die eigentliche Arbeit daran darf nicht länger dauern, als etwa ein bis zwei Wochen, vorausgesetzt eine tägliche Beschäftigung von ein bis zwei Stunden, welche der Dirigent zu diesem wichtigen Zwecke der äußern Wirthschaft — besser aber etwaigen Vergnügungen — entziehen muß. Der Zeitpunkt des ersten Juli ist deshalb ein sehr günstiger, wenigstens für unsere Gegend der fünfziger Breitengrade, insofern die Pause zwischen Heuerndte und Beginn der Getreideerndte meistens zur Hauptbuchsarbeit ausreichen wird. Viele, ja die meisten Vorarbeiten dazu können schon vor Ende des Wirthschaftsjahres abgemacht werden, und höchstens das Kassenjournal dürfte der bequemeren Abrechnung wegen mit dem nächstfolgenden Jahre, und wegen mancher kleinen Nachzüglerposten noch etwa acht Tage offen bleiben müssen.

„Hiernach wird die Detaillirung sich nicht weit erstrecken dürfen" lautet der Einwand des um die Rechnungslast Besorgten. Freilich dem Kaufmann würde sie nicht genügen; derselbe muß die Zinsen des Tages berechnen, der Landwirth begnügt sich mit denen des Jahres. Aber doch wird eine Detaillirung möglich sein, welche dem Landwirth den Einblick in jeden einzelnen Wirthschaftszweig nach seinem Ertrage oder Schaden ermöglicht. Und was will er weiter, es sei denn daß er außerdem noch allgemeine Grundlehren für die Wissenschaft abzuleiten beabsichtige? Ein Kassenbuch muß nothwendiger Weise geführt werden — ich habe hier nur den Beamten vor Augen — ein Korn- und Productenbuch auch, desgleichen Rechnungen über den Viehstand, das Holz, das Inventarium, die Jahresbestellung, Düngung und Erträge. Werden diese nothwendigen Bücher am Ende des Jahres abgeschlossen, die Gesammtsumme nach den Hauptzweigen der Wirthschaft vertheilt, so sind die Materialien zum Hauptbuch beisammen; tritt hiezu noch ein tägliches Arbeitsjournal, welches der Beamte schon zu seiner Rechtfertigung stets führen müßte, so sind auch für ein Hauptbuch nach doppelt italienischer Weise die Data gegeben, und der Abschluß für denjenigen, der die Wirthschaft geleitet hat, nicht schwer. Die Anzahl und Unterscheidung der verschiedenen Conti ist nun so sehr Sache einer jeden Wirthschaftseinrichtung, daß sich darüber nicht viel Allgemeines sagen läßt. Diejenigen Conti, aus denen die Reinertragsberechnung zu geschehen pflegt, sind das Eigenthümer-Conto und die Differenz der Uebernahme-Conti von Inventarium, Saatbestellung, Forderungen und Schulden gegenüber der Uebergabe dieser selben Conti an das künftige Wirthschaftsjahr. Der Eigenthümer (Pächter) verlangt in der Regel eine mäßige, dem Grundcapital angemessene Grundpacht von seinem Gute, und rechnet das Ueberschießende als Zinsen des Betriebscapitals und Lohn seiner eigenen Arbeit, übernimmt auch beim Jahresschluß die Baarbestände der Kasse. Die Lasten und Unglücksfälle trägt entweder der Eigenthümer selbst, oder es ist ein besonderes Conto dafür eingerichtet, eine Maßregel, welche jedenfalls zweckmäßig ist, um die Klarheit der Rechnung nicht zu stören. Desgleichen werden die Capitalsanlagen aus den Ueberschüssen oder Arbeitskräften des laufenden Jahres besser auf ein besonderes Conto geschrieben, und dann im nächsten Jahre als vergrößerter Gutswerth berechnet. Das Inventarium nach Abnutzung zu angenommenen Procentsätzen zu schätzen, ist eine sehr unsichere Sache, und höchstens bei technischen Gewerben so zu veranschlagen; am besten ist es hier, mit Zugrundelegung von mittleren Durchschnittspreisen für das Vieh jedes Jahr eine neue Aufnahme nach einem ein für alle Mal angefertigten Cataloge vorzunehmen, was nebenbei den Vortheil hat, daß der Dirigent dadurch gezwungen ist, wenigstens einmal im Jahr in allen Schlupfwinkeln des Hofes und Gutes nachzuspüren. Er findet dabei stets ein Resultat, wenn auch nicht immer ein erfreuliches. Die Saatbestellungen gehen aus den Fruchtanbauconti hervor. Die Forderungen und Schulden pflegen in einem besonderen Abrechnungsbuche gegen einander aufgewogen zu werden, und dann in einer einzigen, je nachdem positiven oder negativen, Summe durch das Uebernahme- und Uebergabe-Conto zu gehen.

Nachdem so der Reinertrag des Jahres klar herausgestellt, das Grund- und Betriebscapital dem künftigen Jahr übergeben ist, versuchen wir noch in wenigen Zügen die innere Gliederung der Wirthschaft in Conti darzustellen. Das wichtigste Conto, welches nächst der Kasse mit den meisten Zweigen der Wirthschaft in Verbindung steht, ist das der Hand- und Gespannarbeit. Man schreibt hierbei entweder einen durchschnittlichen Lohnsatz für den Arbeitstag den übrigen Zweigen zur Last, oder man berechnet denselben alljährlich nach den Kosten, welche die Beschaffung der Arbeit verursacht hat. Demnächst sind die Conti des speciellen Ackerbaues zu erwähnen. Hier werden in der Regel zwei Methoden verfolgt. Ist das Gut in alter Cultur, und besteht die Schlageintheilung durch Verkoppelung oder durch hergebrachte Gewohnheit fest und für den Wirthschaftsbetrieb zweckmäßig, so betrachtet man die Schläge als Individuen und giebt jedem sein Conto. Ist das Gut noch in der Entwickelung begriffen, hat also noch einer etwaigen Umlegung der Schläge zu gewärtigen, so berechnet man den Ertrag aus dem Ackerbau nach dem Ertrage der einzeln angebauten Früchte. Diese Conti werden dann in einem Sammelconto zusammengefaßt: dem des Kornbodens oder Magazins. Das Wiesenconto, falls solches nöthig ist, pflegt getrennt zu werden. — Die Viehconti scheidet man nach der Thiergattung, oder nach Nutz-, Mast- und Gespannvieh, je nach dei Eigenthümlichkeit der Wirthschaft. — Das Düngerconto fällt in vielen Buchführungen ganz fort; der Dünger wird dann gegen das Stroh gerechnet, ein sehr gefährliches Princip, in dem jede kärgliche Viehhaltung dadurch gerechtfertigt wird, während die reichliche, wo viel nahrhafte Substanzen verfuttert werden, in der Rechnung als Schaden bringend erscheint, und doch ist es oft umgekehrt. Will man den Dünger besonders berechnen, so geschieht dies am einfachsten nach dem Quantum der verwandten Futtermittel mit Zugrundelegung der allgemein angenommenen Multiplicationsfactoren für den Dünger, unter denen ich den v. Wulffen'schen und Hlubeck'schen den Vorzug geben möchte, wenn wir auch noch über diesen Gegenstand in mancherlei Unklarheit schweben. Ein Insgemein-Conto wird keine Wirthschaft entbehren können, doch sei es so klein als möglich. Gehören Forsten zum Gut, und stehen sie nicht unter einer besonderen Forstverwaltung, so müssen sie ihr besonderes Conto haben; desgleichen die etwa in Verbindung mit dem Gute getriebenen Torfstiche und technischen Gewerbe, welche in der Regel ihre besondere genaue Buchführung haben, und nur im Ganzen mit der Gutswirthschaft abrechnen. Da es die Rechnung sehr erleichtert, wenn man für die inneren Conti der Wirthschaft nicht die Jahrespreise der Früchte, sondern allgemeine Durchschnittspreise ansetzt, so thut man wohl, um nicht ungerecht zu werden, ein Conjuncturen-Conto dem Ganzen anzufügen, vermittelst dessen man alsdann die Unterschiede zwischen dem Marktpreise und dem angenommenen Durchschnittspreise ausgleicht.

Eine nach diesen oder ähnlichen Grundsätzen geregelte Buchführung wird, einmal practisch durchgeführt, sich als eine ebenso angenehme als geistig belehrende Arbeit für den Dirigenten erweisen. Aber sie ist noch mehr, sie ist ein Act der Rechtfertigung des Beamten vor seinem eigenen Gewissen und vor seinem Herrn, namentlich wenn er auf Tantieme angestellt ist. Freilich tritt auch jeder Wirthschaftsfehler um so schärfer hervor, je unpartheiischer und gewissenhafter die Rechnung angelegt ist, aber ist es denn nicht die Pflicht eines rechtschaffenen Mannes auch seine Fehler in der Direction zu bekennen, vor sich selbst und seinem Principal? Durch Verschleierung der Fehler werden dieselben nicht abgestellt, wohl aber durch Eingestehen und ernsten Vorsatz sie künftighin zu vermeiden. Wenn eine solche Buchführung aber aus dem Grunde verworfen wird, weil sie zu viel Mühe macht, so ist darauf nur zu entgegnen, daß doch erst der Versuch angestellt werden müsse, ehe das Urtheil gefällt wird; und es dürfte sich bald ergeben, daß die in ihren Grundzügen vorstehend angegebene Rechnung etwas sehr Anziehendes für den Dirigenten hat, so daß er mehr vor zu großer Peinlichkeit als vor dem Gegentheil sich in Acht zu nehmen sorgen muß.

## § 34.

### Die Versuche.

In wie weit kann und darf sich ein Wirthschaftsdirigent auf landwirthschaftliche Versuche einlassen? Daß landwirthschaftliche Fragen nicht a priori, sondern nur durch comparative Versuche entschieden werden können, wird Niemand leugnen. Und doch, ob dies gleich jeder Landwirth zugiebt, wie viel Reden werden gewechselt über einen Gegenstand, und wie viel Weisheit wird in Disputationen entwickelt, nnd nicht ein Versuch wird gemacht, der allein den Ausschlag geben könnte! Und warum werden denn so wenig Versuche gemacht? Versuche kosten Nachdenken, Zeit und Geld, Versuche verlangen theoretische Vorbildung für den fraglichen Gegenstand und practische Gewandheit zur richtigen Durchführung bis zu einem Ziele; Versuche erfordern unermüdliche Gewissenhaftigkeit in eigner Arbeit und strenge Controlle der etwa damit betrauten Untergebenen; vor allen aber erfordern sie auch ein ehrliches Bekenntniß der begangenen Fehler. Zu landwirthschaftlichen Versuchen sind aber nur solche Persönlichkeiten befähigt, welche auch tüchtig sind nach Theorie und Praxis in ihrem Gewerbe, und welche deshalb meistentheils ihrer Lebensstellung nach vollständig durch ihren Beruf beansprucht sind. Und wo ist da die Grenze zwischen der Widmung für das eigentliche Amt und für den gelegentlichen Versuch? Wie theuer kann dem Landmann, namentlich wenn er über einen großen Wirkungskreis zu gebieten hat, ein Tag Versäumniß in der Wirthschaft zu stehen kommen, oder wenn er im Nachdenken über schwierige Versuche eine wichtige Disposition zu erwägen und zu ertheilen unterlassen hat! Wie überschreitet dadurch oft der Verlust in der Wirthschaft oft bei Weitem die für den Versuch selbst aufgewendete Summe! Und doch muß auch letztere in Anschlag gebracht werden, nach jedem Morgen Landes, nach jedem Stück Vieh, dessen Ertrag für das Gut zum Theil immer verloren geht und nach den überaus hohen Arbeitskosten solcher Versuche. „Man mache die Versuche im Kleinen,“ wird entgegnet. Ein Versuch im Kleinen ist für den Landwirth meistentheils nur Spielerei und hat selten wissenschaftlichen Werth. Versuche auf einem Morgen — und wie oft wird auch nur eine Quadratruthe und weniger dazu gewidmet! — erzeugen in der Regel für die Rechnung im Großen Irrthümer, und wie mancher Landwirth, der eine in so kleinem Maß versuchte Cultur nebst Berechnungen des Ertrages bis auf das Loth, und der Arbeit bis auf den Pfennig, aus diesem oder jenem Journal entlehnt, und nun bei sich in größerem Maße in Anwendung gebracht hat, ist empfindlich dafür gestraft worden. So beim Ackerbau, so bei der Viehzucht. Wie viel falsche Resultate haben die Futterungsversuche mit einzelnen Thieren gegeben, wo weder das Quantum des Futters, noch des Düngers, noch des Wassers genau genug gewogen werden konnte, und welchen Zufälligkeiten ist ein einzelnes Individuum in seiner ganzen Organisation stets unterworfen! Deshalb sind die Versuche im Kleinen — insofern man daraus sofort Schlüsse für das Große der Cultur ziehen will — meistentheils ohne Erfolg, wenigstens ohne guten Erfolg geblieben; und den eigentlichen Fortschritt im Landbau haben nur die Experimente über ganze Wirthschaften ergeben. Beobachtungen und Versuche wie Boussignault und Lawes jetzt anstellen, über ganze Landgüter, wie Graf von Podewills und Lanner mit hunderten von Morgen, tausenden von Stücken Vieh und ein Menschenalter an Jahren hindurch anstellen: solche Versuche fördern! Müssen wir doch ehrlich bekennen, daß wir die Data für die Taxationen der Güter, selbst für die Statik des Landbaues nur aus den großen Resultaten hernehmen, welche uns die entschlafene Dreifelderwirthschaft in ihrem gleichmäßigen Typus durch Jahrhunderte an die Hand gegeben hat, und daß — wenn wir manche prunkvolle Schlußfolgerung bis auf ihren Ursprung verfolgen — nur wenige landwirthschaftliche Schriftsteller es sind, welche eine dauernde practische Weiterführung dieser größten aller Aufgaben für den Landbau angebahnt haben. — So unumgänglich nöthig wir also auch die Versuche im Großen für den Fortschritt des Landbaues erachten, so werden doch nur sehr selten Männer vorhanden sein, welche sich ihnen erfolgreich zu unterziehen vermögen. Was aber ein jeder Wirthschaftsdirigent nicht nur thun kann, sondern auch aus Gemeinsinn stets thun sollte: alle zufälligen Versuche, die er durch Beobachtungen auf ganzen Schlägen bei verschiedener Behandlung derselben macht, genau zu notiren, die Natur scharf in ihren Einflüssen auf den veränderten Culturzustand zu belauschen, den ganzen Viehstand oder die Producte eines abgeschlossenen Vorwerks auf Brückenwagen in Pausch und Bogen durchzuwiegen: alle solche Versuche, welche aus dem Gesammtleben der Wirthschaft hervorgehen und auch in die einförmigen Berechnungen des Ertrages wissenschaftliches Leben bringen, sind Gegenstände für einen Wirthschaftsdirigenten. Der Beamte darf freilich überhaupt keine Versuche machen, weder mit Verwendung von Capital, Zeit noch Arbeit, denn seine Kräfte gehören seinem Herrn und dessen Interesse; aber kein einsichtsvoller Besitzer wird die Genehmigung zu derartigen großen Wirthschaftsbeobachtungen seinem Beamten versagen, und dieselben werden nicht nur dem Großen der Landwirthschaft, sondern auch der einzelnen Wirthschaft stets von Segen sein durch den klaren Einblick, welchen sie in das Getriebe gestatten.

## § 35.

### Die Servitute und Lasten.

Eine größere oder geringere Menge von Servituten, welche zu einem Gute gehören, erhöhen oder erniedrigen seinen Werth bedeutend, je nachdem es Rechte oder Verpflichtungen sind. Derartige Zubehöre können den Dirigenten in vielen Fällen veranlassen, eine ganz besondere Wirthschaftsart zu wählen, welche in einem andern Falle fehlerhaft sein würde. Ist eine solche Wirthschaftsart Jahre lang eingebürgert, und ist vielleicht der Grund ihrer einstmaligen Einrichtung nicht mehr bekannt, so läßt sich wohl mancher zum Umwerfen des nicht klar Verstandenen verleiten; oder es tritt auch der Fall ein, daß nach Ablösung solcher Servitute die alte Methode ferner beibehalten wird, und die Ablösung, statt Vortheil zu bringen, das Verderben des Wirthes herbeiführt. Derartige Fälle haben nicht wenige bei den großen Dienstregulirungen sowohl unter den Gutsbesitzern als auch unter den Bauern in unserm Vaterlande stattgefunden, wo dann die Schuld auf jene überaus vortrefflichen und auch gerecht ausgeführten Maßregeln geschoben wurde, während doch allein das mangelnde Nachdenken des Wirthes daran Schuld war. Und auch heut zu Tage noch begegnen wir ähnlichen Irrthümern bei Ablösung von Weiderechten in Forsten, bei Gemeinheitstheilungen und Auseinandersetzungen, wo dann dem segensreichen Wirken der Generalcommission die Schuld aufgewälzt wird, wenn das Schafvieh auf dem kleinen Rest Communallandes nicht mehr so gedeihen will, wie früher auf der Gesammtfeldmark und dergleichen Curiosa mehr. Wenn nun auch der Bestand mancher Wirthschaft zum großen Theil auf die Nutzung solcher Servitute als unter Anderm Waldweide, begründet ist, und eine völlige Umstoßung des bisherigen Systems, z. B. der Schafhaltung, Schweinehaltung und Jungviehzucht nach Ablösung des Servituts stattfinden muß, so ist doch im Allgemeinen eine Ablösung für beide Theile das Gerathenste, insofern dann auch die nicht zu vermeidenden Zwistigkeiten und die unwirthschaftlichen, rein darauf gerichteten Operationen, das Recht möglichst zum Nachtheil des andern auszunutzen, wegfallen. Von Seiten der Gesetzgebung wird dieser Ablösung der Forstservitute ebenfalls entgegen gekommen, und daß bei allen Einleitungen trotzdem so außerordentlich wenig wirkliche Abschlüsse zu Stande kommen, liegt wohl nur darin, daß keine allgemeine Principien bei den Ablösungen befolgt werden, sondern die Bestimmung dahin geht, daß der Provocant als Berechtigter nicht nach seinem Nutzen, sondern nach dem Schaden des Gegners abgefunden wird, wiederum aber Provocant als Verpflichteter den Gegner nach dessen Nutzen abfinden muß. Hoffentlich werden auch in diesem so nahe verwandten Theile der Gesetzgebung ähnliche Maximen der Gerechtigkeit sich allmälig Bahn brechen, wie solche bei den Landauseinandersetzungen befolgt werden. Es ist die Einleitung und Durchführung derartiger Wald- auch Fischereiservitut-Ablösungen für den Dirigenten eine Sache, welche viel Uebung und Routine verlangt, nicht sowohl in der Kenntniß der gesetzlichen Bestimmungen, als in dem Einigwerden mit den betreffenden Gegnern, und sollte ein junger Mann, welcher sich für die Landwirthschaft bestimmt, niemals verabsäumen, sich Kenntnisse auch in solchen Geschäften zu erwerben, wo irgend ihm Gelegenheit dazu geboten wird. Es schließen sich hieran auch die Grenzregulirungen, eine durch die Gesetzgebung ebenfalls wenig begünstigte Sache. Dieselben können aber durch ein Geringes an Feldmeßkunst, welche überhaupt dem größeren Landwirth nothwendig ist, auf dem Wege gütlicher Einigung bedeutend erleichtert werden.

Was nun die eigentlichen Gutslasten anbetrifft, als da sind: Gerichts- und Polizeiverwaltung, Communal- und Kreislasten, Wegeunterhaltung, Verpflichtungen zu bestimmten kostspieligen Einrichtungen bei Majoratsherrschaften, Einquartierungslasten, Abgaben von Naturalien als früherer Erbpachtscanon, oder Decem an Pfarre und Schule, Betriebs- und Grundsteuern, so sind dieselben, insoweit sie in Geld- und Naturalabgaben bestehen, auf das Sorgfältigste, wo möglich tabellarisch, vom Dirigenten zu ordnen, und auch die Mittel zu den Fälligkeitsterminen stets in Vorschlag der Gutsausgaben auszuwerfen. Der Betrag all' dieser Servitute muß alsdann in seiner muthmaßlichen Höhe als Abzug von dem Reinertrag der Wirthschaft in Rechnung gestellt werden. Wo bei stattgehabten Parzellirungen die Abgaben, namentlich der Naturalien, nicht in zahlbare Maße abgerundet, sondern rein mechanisch nach genauestem Verhältniß der Parzelle zum Hauptgut vertheilt worden sind — mir sind Fälle bekannt, wo z. B. ein Pfarrer auf dem Lande dreizehn Neunzehntheile einer Metze Getreide von einem bäuerlichen Grundstücke empfängt — da haben solche Verpflichtungen sehr viel Lästiges und wenn dieselben nicht durch Capitalszahlungen abgelöst werden können, so ist wenigstens eine rechtliche oder private Einigung auf längere Zeit sehr zu empfehlen. — Schlimmer aber als die fixirten Geld- und Naturalabgaben sind diejenigen Lasten, welche in Form von Hand- und Gespannarbeit, Hülfe zu Bauten und dergleichen geleistet werden müssen. Dieselben pflegen erstlich sehr veränderlicher Natur zu sein, dann aber oft sich auf eine kurze Zeit so zusammenzudrängen, daß die Wirthschaft auf das Erheblichste darunter leidet. Kann der Dirigent in solchen Fällen sich nicht durch Ausgabe der Leistungen an Andere gegen eine vielleicht selbst hohe Entschädigung helfen, so wird es oft unbedingt nöthig sein, ganz besondere Gespanne für die außergewöhnlichen Fuhren anzuschaffen, auch Knechte und Arbeiter dazu besonders zu miethen. Wird dadurch die Störung der Wirthschaft in ihrem geregelten Gange vermieden, so ist dies gewöhnlich ein so großer Vortheil, daß man gern eine ziemlich bedeutende Geldsumme darauf verwenden kann.

## § 36.

### Die Kleincultur des Bodens.

Wir haben den Wirthschaftsdirigenten im Verlaufe der Schrift als Leiter der landwirthschaftlichen Großcultur hingestellt, unter welcher wir überhaupt allen mit Gespannkraft betriebenen Landbau begreifen. Nicht überall aber ist die Großcultur diejenige, welche von dem Acker den höchsten Reinertrag gewinnt. Je näher der Boden an eine große Stadt rückt, sei es, daß er durch Chausseen, Kanäle, oder Eisenbahnen ihr genähert wird, desto augenscheinlicher tritt die Anwendung der Kleincultur in den Vordergrund, zur Erzielung derjenigen Producte, welche in der Stadt Absatz zu hohen Preisen finden. Die Kleincultur setzt Ueberfluß von Menschenhänden voraus; dieselben productiv und zweckmäßig zu beschäftigen, verlangt sogar der Schutz gegen Pauperismus. Soll aber die Beschäftigung in großen Wirthschaften auf eigene Rechnung des Wirthschaftsdirigenten in seinem Betriebe vollführt werden, so erfordert sie ein sehr erhöhtes Betriebscapital sowohl zu Löhnen als zur Einrichtung der verschiedenen rentabeln Culturen, und außerdem ein sehr vermehrtes Aufsichtspersonal. Ersteres ist oft nicht zu beschaffen, letzteres vermindert den Ertrag und ladet eine große Arbeit auf des Dirigenten Haupt.

Da tritt nun als willkommenes Auskunftsmittel ein: das Kleinpächtersystem. Oberitalien hält sich durch diese Einrichtung in Cultur trotz der moralischen Auflösung aller seiner socialen Verhältnisse, und wenn der Grundherr dort erst aufhören wird, in den Städten seine Rente arbeitslos zu verzehren, wenn er seine Agenten, Unteragenten, Unter-Unteragenten entlassen und wieder die Thätigkeit seinen Besitzungen zuwenden wird, so wird auch der Jammer des Landes aufhören. Ein auf Humanität begründetes Pachtverhältniß an Kleine Leute, um mich dieses allgemein üblichen Ausdrucks zu bedienen, giebt dem Besitzer eine hohe Rente von seinem Boden, denn es wird neues Capital, neue Arbeitskraft und Sorgfalt bis in's Geringste an jede Quadratruthe gewandt. Die Rente ist aber auch sicher, falls nicht etwa das Princip des Meistbietend-Verpachtens ohne Rücksichtnahme auf Sicherheit und Tüchtigkeit des Pächters befolgt wird, denn der etwaige Ausfall einer Erndte trifft Viele, welche durch Sparsamkeit des Einzelnen mehr erreichen, als wenn diese Last auf einen Einzelnen fällt. Außer sicherer und hoher Rente aber gewährt ein solches Verhältniß dem Dirigenten auch eine große Muße in der Verwaltung und die Annehmlichkeit, schöne Früchte ohne Sorge zu erzielen: er kann helfend eingreifen, wo ein kleiner Mann Unglück erlitten und mit wenigem Capital eine Familie von Betteln zu einer productiven Thätigkeit bringen. Die Machtstellung, — wer darauf etwas giebt — ist gegenüber dem Kleinpächter freilich nicht so unumschränkt als gegenüber den Tagelöhnern, abr das Interesse des Pächters wird das rein rechtliche und contractliche Verhältniß schon immer zu Gunsten des Herrn gestalten. Wo sich Gelegenheit zu derartiger Ausnutzung des Bodens darbietet, da muß der Dirigent die Entsagung üben, seine eigne Wirthschaft der Fläche nach zu verkleinern und sich des in fremder Nutzung höher rentirenden Landes durch Verpachtung zu entäußern. Da er das dem Hofe zunächst gelegene Land, welches meistertheils auch der Substanz nach das Bessere zu sein pflegt, zur eignen

Wirthschaft behalten wird, so wird der Reinertrag oftmals trotz der Landverminderung nicht geringer, sondern größer sein, als er es vorher war, und die Rente für das entferntere schlechte Land tritt noch hinzu. Manches weit entlegene Terrain war vielleicht eine negative Größe im Gutsertrage und wird nun ein willkommener Zuschuß zu den Einnahmen. Der Stamm des Gutslandes kann nun, je nachdem Concurrenz der Pächter vorhanden ist, beliebig vergrößert und verringert werden. Pachtlose Stücke können sofort dem Wirthschaftsareal wieder einverleibt werden, und jeder Verlegenheit über Ausnutzung des Bodens ist vorgebeugt.

Der Pachtcontract muß mit jedem Einzelnen womöglich schriftlich auf drei bis sechs Jahre oder länger abgeschlossen werden, und zwar nicht, wie die gesetzliche allgemeine Annahme ist, vom ersten Juli bis ersten Juli, sondern vom ersten Januar bis ersten Januar wegen erleichterter Abgabe des Landes, bezüglich Düngung, Bestellung und Fruchtfolge. Auch muß eine bündige Bedingung der möglichen Rücknahme des Pachtstückes bei ausfallender Pachtzahlung festgestellt werden; denn Wiedernahme des Landes ist stets besser, als Klage wegen rückständiger Pacht. Der Ausfall des Pachtzinses aus Böswilligkeit wird selten sein, und kann durch Verweigerung von Land leicht gestraft werden, der wegen Armuth und Unglück muß vom humanen Verpächter — und solcher wird vorausgesetzt — nicht verfolgt werden, im Gegentheil, hier muß er helfend eingreifen.

Wird ein so geregeltes Kleinpächterverhältniß noch dadurch vervollständigt, daß dem Pächter durch Sicherstellung Gelegenheit gegeben wird, ein Haus auf dem gepachteten Boden zu bauen, so bewahrt dasselbe außerdem noch vor dem ländlichen Proletariat, einem noch schlimmeren Uebel als das städtische, es bewahrt vor den um des bloßen Obdaches willen vorgenommenen Parcellirungen, bis auf viertel und achtel Häuser, ja bis auf halbe Stuben oder gar einen balconartigen Oberbau — wie es Fälle giebt — zumal als gegen solche Theilungen bis in's Unendliche kein gesetzlicher Schutz vorhanden ist.

Trotzdem also derartige Verpachtungen von Gutstheilen einer Entäußerung der bewirthschafteten Fläche für den Dirigenten gleich kommen, also wie eine Verringerung seines Amtskreises erscheinen, so wird derselbe doch in den geeigneten Localitäten kein Bedenken tragen dürfen, diesen für die Cultur und den Reinertrag des Ganzen so wichtigen Schritt durch Ueberlassung eines Theiles seiner Scholle an fremde Gedanken und fremde Kräfte auszuführen!

FSC
www.fsc.org
MIX
Papier | Fördert gute Waldnutzung
FSC® C083411

Kolibri 360 GmbH
Ferdinand-Jühlke-Straße 7
99095 Erfurt, Deutschland
produktsicherheit@kolibri360.de